《老照片》

溫情系列·《老照片》編輯部編

JPC HK

細看母親的容顏，
彷彿世界再無秋冬。

我的母親

本書中文繁體字版本由山東畫報出版社有限公司授權三聯書店（香港）有限公司在中華人民共和國大陸以外地區獨家出版、發行。

責任編輯　許正旺
書籍設計　張惠沅

書　　名　我的母親
編　　者　《老照片》編輯部
出　　版　三聯書店（香港）有限公司
香港北角英皇道四九九號北角工業大廈二十樓
Joint Publishing (H.K.) Co., Ltd.
20/F., North Point Industrial Building,
499 King's Road, North Point, Hong Kong
香港發行　香港聯合書刊物流有限公司
香港新界大埔汀麗路三十六號三字樓
印　　刷　美雅印刷製本有限公司
香港九龍觀塘榮業街六號四樓A室
版　　次　二〇一九年九月香港第一版第一次印刷
規　　格　大三十二開（140 × 210 mm）二一六面
國際書號　ISBN 978-962-04-4406-7

出版說明

「老照片」叢書以「定格歷史、收藏記憶」為旨，引導讀者從照片與相關文字回望歷史；藉獨特的視角，為至今逾百年來中國人民的生活，存留一份溫暖而鮮活的記錄。即使經歷社會變遷，讀者仍能感受箇中細膩的家國情懷。

「老照片：溫情系列」一套共有四種：《我的父親》、《我的母親》、《我的老師》，和《一封家書》。其中《我的母親》收錄的文章，共三十三篇，來自不同著者以兒女的角度，通過珍藏照片來回憶往事，或者憶述生平事跡等方式，來追索歷史的蹤跡，並表達對其母親的思念與情意。

為著尊重原作者，不論原文的編註、補充及改正之處，均維持文章原貌，不作出大幅改動。若內容有誤，或需補充資料之處，僅以註釋形式作校正處理，不致妨礙讀者欣賞文章，共同為美好的回憶致敬。

三聯書店（香港）有限公司
出版部
二〇一九年八月

目錄

我的母親于蘋薌

孔令仁

我的母親于蘋薌，字南濱，生於一八九八年。母親和姨母自幼隨外婆住在棲霞鄉間，外公在北京讀書、工作。外公給外婆寫信說：任何人不准用任何理由給兩個女兒裹腳，如有違背，定不算完！當時山東農村很落後，婦女裹腳還是天經地義的事，外婆牢牢遵循外公的囑託，頂住各方面的壓力，一直沒給兩個女兒裹腳。

到母親該上小學時，外公把外婆和兩個女兒接到北京。母親剛到北京時說一口山東話，同學們因此給她起個外號叫「小山東」，明顯有諷刺意味，母親也無可奈何。上課不久，恰逢初一，按當時校規每逢初一、十五要給孔夫子的牌位叩頭，大家都畢恭畢敬地列隊前往，母親說：「對不起，今天大家都要和我這個小山東去向老山東磕頭了！」從此大家不再管母親叫小山東了。因為老山東是老聖人，叫她小山東她豈不是成為小聖人了嗎！還因為母親到北京後不久，滿口山東話很快就改成了北京話，再叫她「小山東」也名不副實了。

一九一七年，孫中山在廣州發起護法運動，外公追隨孫中山，到廣州參加臨時國會，行前他把家眷遷到濟南。母親到濟南後，就讀於女子師範學校。母親的皮膚雪白晶瑩，特別是在上體育課後到水龍頭前洗臉，洗後更為清麗秀美，因此同學們送給她一個外號叫「子午蓮」。

二伯父祥柯公與外公交厚，到外公家見到母親，覺得與父親結合堪稱佳侶，他向祖母建議到于家求婚。祖母通過女子師範學校領導調閱了母親的作文本，認為文理清晰，書法秀麗。祖母又藉到學校參觀之名，去相看母親。祖母在察看一番後，未經人指點，在眾多的學生中竟看出哪一個是母親。祖母說這是緣分，實際上是因為母親長得漂亮，舉止端莊大方，所以在眾多的夥伴中祖母一眼就能認出來。祖母滿意後，即派人到于家提親。父親的學識、品德俱佳，又身材高挑，五官端正，是出名的美男子，此皆外公所素知，所以這門親事很快就說成了。父母於一九一七年喜結連理。

父母親在一起共同生活四十年，兩人感情篤深，互敬互愛，令人羨慕。我家在昆明東寺街的住宅、在重慶南岸黃山的住宅、在青島路一號的住宅，父親皆名之曰「南園」。為什麼叫南園？因為母親字南濱，南園者南濱之家園也。可見父親一直把我母親視作一家的主人。母親和全家人也都相處融洽，受到大家的信任和敬重。俗語說：金無足赤，人無完人。但我總覺得母親是一個找不出缺點的完人。

一九四九年前的上流社會，酒食徵逐，打牌，跳舞，看戲，整日忙於所謂社交和應酬。父親是金融界的要人，經濟條件較好，當然也難以免俗。但母親卻不抽煙，不打牌，不跳舞，不看戲，不串門，真所謂一塵不染。但遇到一些重要場合，母親也隨父親參加。在這種情況下，母親就一定把衣服、鞋襪、皮包、手帕精心搭配好，務使協調自然；人也薄施脂粉，淡妝素抹。由於

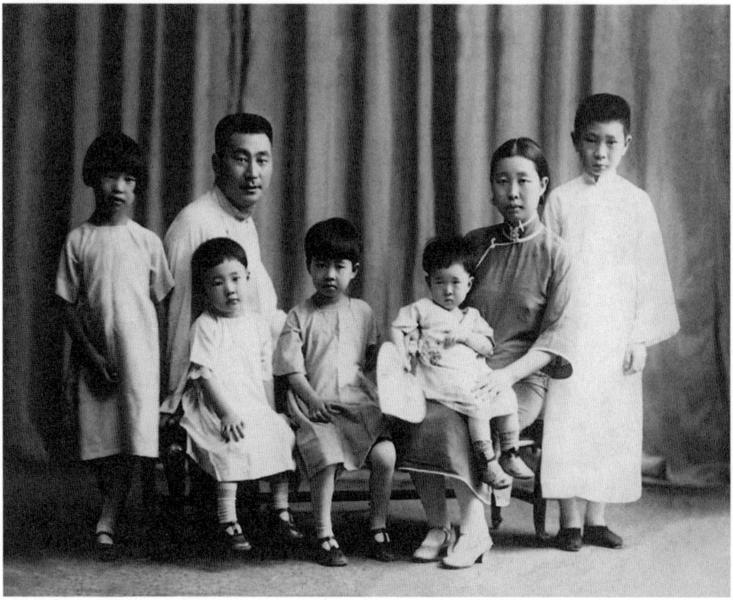

1 1929年的全家福，攝於南京。右二為母親，左四為作者。

天生麗質，她的淡雅反而比那些濃妝艷抹的小姐和太太們更出眾，被刮目相看。

母親一切都替別人考慮，從不為自己打算。比如吃飯，她總是考慮別人愛吃什麼，卻很少想到自己。偶爾做一點自己想吃的東西，她就像犯了什麼過失一樣內疚地說：「你們看，多少年改不了老習慣，到現在還想吃老家的雜麵條，今天我做了一點，你們嘗嘗好嗎？」如果我們誰吃了一點，又多少表示出愛吃的樣子，她就高興了。她喜歡吃羊肉，但我們孩子不愛吃，她就從來不買羊肉。直到她突發心肌梗死臨終的那天，才對嫂嫂說：「你們今天包幾個餃子吃吧！給我買幾角錢羊肉，我想吃羊肉餡的。」但這頓羊肉餃子沒有吃上，母親就去世了。母親去世後，我們做子女的無不痛心疾首，平時我們為什麼不知道給母親包頓羊肉餃子吃呢，我們真該死呀！

母親很少參加外面的活動，她把大量時間都用在照料子女上了。她生了八個孩子，除了小妹令因當時她患病未能親自哺乳外，其他每個都由她親自哺乳，撫育成人。我是她的第三個孩子，上有哥哥、姐姐，下有弟弟、妹妹，按說母親是不一定能對我照料很周到的，但她卻竭盡全力把我們每個人都照顧得停停妥妥。小時候我的頭髮又黑又多，母親總愛給我梳兩條大辮子，這就成了她每日不可缺少的工作，因為我是非得她親自把我的小辮子梳好才肯上學的。下學以後，我的功課都是由她輔導，最後經她檢查才算完成的。我現在能在大學教書，能寫一點東西，追根溯源是和母親的辛勤教育分不開的。

母親脾氣溫和，對子女很慈愛，但不是無原則的慈愛，遇到我們犯錯誤，她就會對我們進行嚴肅的教導。有兩件事在我的腦海中留下了極深的印象，至今仍牢記不忘。

一是在南京上小學時，我與同桌同學周慧海成為好朋友。周慧海的父親就是當時任教育部長、後來成為漢奸的周佛海。一天放學，慧海對我說有車來接她，邀我到她家玩一會兒。我說怕家裡人著急，她說到她家打個電話說一聲就是了。哪知到她家後，她的哥哥周幼海、姐姐周松林（周佛海的養女）變著法兒同我們兩個人玩，她媽媽又留我吃晚飯，還讓她的小哈巴狗給我表演各種節目，我把打電話的事忘到了九霄雲外。家裡不見我回去，都十分著急，父母派人到各處去找也不見蹤影，後來好不容易打聽到我和周慧海一同坐汽車走了，父親往周家打電話才找到我。我回家後看到不僅父親對我板著臉，連對人總是微笑的母親也面如冰霜。他們說：「你外出不回，應該預先向父母請假，來不及請示也該往家打個電話呀！」我掩飾道：「電話打不通！」母親突然站起來厲聲說道：「小裕（我的小名），誰教你說謊的？以後不准說謊！」原來他們向周家打電話時，周家就道歉說本來想打個電話，但匆忙間忘記了。我大哭了一場，不是哭父母教訓我，而是哭自己不長進，怎麼學會說謊了呢？

二是在昆明讀大學時，那時社會上盛行家庭舞會。一年聖誕節，我在大觀樓附近參加一個家庭舞會，到的人很多。陳香梅、王人美等著名人物都來了。舞會一開始主人就宣佈，今天要狂歡一夜，誰都不准離開。我找到主人聲明，怕父母掛念，最遲十二點以前離開，主人也答應了。但當我要走時，司機卻找不到，大觀樓離我家很遠，又很荒涼，徒步返回是萬萬不能的，一直到第二天早上我才回家。到家後見母親臉色鐵青，她教訓我道：「一個女孩子，一夜不歸像什麼話，你要自重自愛！」我知道問題嚴重，趕快向母親解釋、認錯，並保證以後決不再犯。母親才漸漸地平靜下來。

值得一提的是母親和保姆的關係。母親心地善良，悲天憫人，她對每個人都好，特別是對老弱貧窮之人更格外照顧，因此她和我家的保姆都相處融洽。給我看孩子的保姆叫貴珍，她來我家幫工後，母親也像對我們一樣教育她，每天晚上教她讀書識字。直到我的孩子進了小學，她考進工廠做了工人以後，母親還留她住在家裡。晚飯一般都是她爭著回來做，中飯就由我母親準備好了她回來吃。當她知道我母親去世的消息後，泣不成聲，還為我母親戴孝多日。

母親的舊照

管崇英

我珍藏著母親年輕時的兩張舊照片。圖1是母親（左二）婚前在老宅和我的兩位姑姥姥（左一、左四）以及我的一個姨（左三）的合影，時間約在二十世紀一〇年代中期，那時母親只有十六七歲。圖2攝於白洋淀邊漾堤口村村東的河邊。釣魚台上是我的母親（坐者）和一位姑姥姥，小孩子是我的大表舅；跳板上站著的是我的兩個姨姨。此照約攝於二十世紀二十年代末。這兩張照片我一直很小心地保存著，經常拿出來看看，欣賞一下母親年輕時靚麗的倩影。

母親可以說是下嫁到我家的。我姥姥家是村東頭的大戶劉家，我家在鎮子裡是個普通人家，經濟並不富裕。母親曾對我說過，她結婚那天，我八姥爺送母親到我家，看到我家的宅院，說：「這麼小的院子，這麼小的屋子，幸虧給你辦嫁妝時沒買大座鐘，挑了個小巧的，還算買對了。」

據說母親的婚姻，是我姥姥走親戚時相中了我父親，自作主張定下的。父親弟兄三人，他為老二，從小在北平一家金店學徒。我祖父因血壓高，四十歲就得了腦中風，在家賦閒了。奶奶是續絃，是父親弟兄三人的繼母。母親結婚時，奶奶的眼睛也失明了。

母親婚後生了一男二女，上有哥哥，我是長女。母親非常善良溫順，對我祖父母特別孝順。

1 （上）母親（左二）婚前和家人的合影。攝於 1910 年代中期。

2 （下）母親（坐者）和家人的合影。攝於 1920 年代末。

對我父親更是情深意重，體貼入微，結婚四十年沒吵過一次嘴，沒紅過一次臉。對子女的關愛更使我們兄妹難以忘懷。我曾聽母親說過這樣一件事：我們住的是一間小東廂房，夏天異常悶熱。我哥哥小時候午睡時，母親為了讓他睡得舒適，總是給他扇風納涼。母親怕直接扇，哥哥會受涼，就衝著牆扇。母親說這種碰回來的風是軟風，既舒適又不易得病。夏天蚊子多，且有跳蚤，攪得我們睡不好覺。母親每晚總要起來數次，點上油燈拍蚊子、捉跳蚤，什麼時候把蚊子拍光了，我們睡安穩了，母親才能入睡。有好吃的，母親總要讓給公婆和孩子，她操勞過度，營養不良，睡眠不足，因而體弱多病，面黃肌瘦，衣飾上也不講究。從我記事起，母親腦後就梳著一個香蕉式的髻，加上纏過足，看上去像個五六十歲的老太婆。直到現在我和妹妹談起母親時，都覺得我們從小就沒見過母親年輕時的樣子。年輕的母親，只能在舊照片上看到。

母親平易近人，人緣特別好，經常周濟一些窮苦人。記得一九三九年白洋淀發大水，莊稼顆粒未收，民不聊生。有一天，姥姥村裡的兩個小男孩（兄弟二人，大一點的名叫小牛兒），光著屁股到鎮子裡討飯，可巧到了我家，母親看他倆骨瘦如柴，肚子很大，心疼得掉了眼淚，除了吃食，還給了他們幾個銅板。母親說，能吃上幾天飽飯，他們的病就好了。有一個姓安的賣魚人，脖子後面長了一個疙瘩，腫得很大。母親看到後，說是「砍頭瘡」，要趕快治。母親給了他兩塊大洋，讓他買「牛黃解毒丸」，連服帶塗，並說「這錢不能買別的，只許買藥」。這人服了藥，十幾天後果然好了。為了報恩，他把幾條活魚掛在我家二門上，早上母親一出屋，就猜到了魚的來歷，後來就拒絕他再給魚了。這兩件事都是我親眼看到的，至今記憶猶新。

母親思想開明，通情達理。一九四五年初夏，我家所在的鎮子解放了，母親很高興，有時邊幹活，邊唱著革命歌曲：「……八路好，八路強，八路軍打仗為老鄉，日本鬼子欺負咱們八年整，八路軍幫助咱們打虎狼，打虎狼……」我們兄妹三人參加革命工作及婚姻問題，母親都很支持我們，給我們自由。日本投降前，我哥哥就在北平搞共產黨的地下工作了；妹妹一九四五年任村裡的兒童團長（鎮子按東西南北劃為四個村），一九四七年一月，年齡不滿十五週歲就加入了中國共產黨，後在縣政治處（縣委前身）參加了工作；我於一九四五年秋參加了縣裡舉辦的小學教師訓練班，後擔任了我村婦女識字班教員，並任村婦聯會宣傳委員，後又任村婦聯會副主任，一九四九年在北京考入華北人民革命大學。這一切都有母親的一份功勞。

母親嫁到我家，可以說沒有享受到什麼（從我記事起到長大，沒見母親添過一件新衣服），只是付出。母親去世於一九六二年，年僅六十二歲。那時正是困難時期，我們做子女的，在經濟上沒有什麼力量孝敬她老人家。現在我們生活都很好了，可母親卻享受不到子女們的孝心了。每當想到這些，就感到我們欠母親的太多太多了。

與母親的合影

李亦園

圖1是我與母親、姊姊在一九三二年農曆春節時的合影。我當時只有五個多月大，被母親抱在懷裡，姊姊李園生二歲。家母林朝素女士出生於一九〇〇年，一生從事教育工作，曾在我的家鄉福建泉州擔任過幾十年的小學校長，被譽為閩南女子教育的先行者。我於一九四八年赴台灣，就讀於台灣大學，其後四十多年未能與母親見面，她經常因思念我而臥病。一九八四年中秋節，中央電視台曾播出家母含淚寫詩寄我的情節，這首詩是：

頃刻渾忘鬢髮斑，月圓燈火滿人寰。
卅年多少倚閭淚，會向春風度玉山。

一九八五年，我在香港與著名人類學前輩學者費孝通教授會面，共同參加中國文化現代化的會議。費先生很同情我母子相隔多年未能見面之苦，特地為我帶回一封家書及幾本我的著作，家母極為感動，又賦詩一首致謝並敘懷：

1 （上）作者與母親、姐姐的合影。

2 （下）作者母親與師生郊遊時合影

乍通鴻雁慰平生，酬卻白頭夢裡情，
一掬盈盈思母淚，幾回款款喚兒聲。
卅載生死倚閭痛，數字家書釋得平，
何日江山歸一統，離人長聚月長明。

我於一九八九年五月首次返回泉州故鄉，與母親及姊弟團聚，並為母親九十歲壽辰舉辦壽宴，老人家四十載的懸念終於釋懷。母親於一九九三年七月逝世於自宅，我與兒女均返故鄉奔喪，並葬母於泉州城北賜恩岩之麓。

圖2攝於一九三五年，當時我只有四歲，即照片中坐在岩石頂上的小男孩。這是家母林朝素女士所辦的競新女學師生遠足郊遊的照片，我下方穿旗袍的女士是該校教員王愛珠女士，她很鍾愛我，其後一直維持很長久的親情。前方左起第四位女孩是家姐李園生，她後來在徐州師範學院❶中文系擔任教授，於一九九四年退休。

註釋

❶ 徐州師範學院，今為江蘇師範大學。

懷念媽媽王立芬

吳希如

媽媽王立芬離開我們已經十八年了。

十八年前，弟弟再生寫了一首「碑銘」刻在她的墓碑上：「歷盡風雨艱辛，一生剋己為人。迎送世間冷暖，慈母恩澤長存。」媽媽沒有留給兒女們金銀與財產，留下的是無盡的慈愛以及為人處世的高尚的情操，這是我等子孫們可以受用一生的寶貴精神財富！

媽媽於一九〇三年十二月在上海出生，家庭背景相當優越。大學畢業後，曾從事中學教育，教過英語，愛好藝術與音樂，寫得一手好字，會繪畫，可說是當時為數不多的知識、文化女性之一。媽媽又是一位心靈手巧的女子，在抗日戰爭艱苦的日子裡，她仍然盡力把爸爸和幾個孩子拾掇得乾乾淨淨，全家的毛衣、毛褲、帽子和襪子都是她一針一線織出來的，舊的毛衣拆洗後又可以織出新的；她會做可口的南方菜，利用極為有限的食材，也能讓我們全家吃好；她還做得一手好刺繡。

一九二九年七月，媽媽與爸爸吳有訓在上海結婚，從此兩人相濡以沫，患難與共，攜手度過了半個多世紀的風風雨雨。媽媽是爸爸一生事業上最堅定的支持者和生死相依的伴侶。她深明大

1 1920 年代，媽媽王立芬在上海獨照。

義，總是置自己的一切為次，傾自己的全副身心支持丈夫，哺養、教育兒女，讓爸爸能夠全力投身於事業之中。如果說爸爸是家庭的支柱，那麼媽媽實際上是我們這個家庭遮風擋雨的屋頂和四壁。

在清華園新南院（即新林院）居住期間，爸爸在清華大學開創了中國近代物理科學研究，並為發展物理系的科研與教學而整日在科學館忙碌。而就在爸爸出國考察期間，他們最珍愛的第一個孩子冀生，因麻疹肺炎離開了人世，媽媽悲痛欲絕（當時我還很小，二哥惕生也只四歲），她就是這樣獨自一人，堅強地挺過了這一人生的難關。

一九三七年抗日戰爭爆發，北平一片混亂，校方希望爸爸盡快南下，此時媽媽生下最小的妹妹只有十多天，卻表示國事為大，家事由她來承擔，毅然支持爸爸立即南下；是媽媽帶著我們四個孩子（最大的只有六歲），兩年以後，歷盡波折，一路艱辛到達昆明的。

抗戰期間，為了躲避日本飛機頻繁轟炸，全家與多位清華教授住在昆明鄉下黎煙村一個大院裡。爸爸受命於危難，出任西南聯大理學院院長並仍擔任清華理學院院長、物理系主任和研究所長，為了聯大理學院教育工作的正常運轉和清華金屬物理研究所的創建而終日奔忙。此時，哥哥惕生突然患病，必須進行手術，但在昆明無法治療，媽媽不得不帶著幼子，歷盡千辛萬苦，在戰火中從昆明到淪陷區北平協和醫院做手術。多年後，媽媽對我說起這段經歷時仍舊掉淚並感到十分後怕。一九四一年至一九四三年是抗戰最困難階段，物價飛漲生活艱難，為了補貼家用，媽媽畫出圖樣做刺繡品，賣給在昆明支援抗日的美國軍人。我迄今還依稀記得媽媽在油燈下刺繡的身影。她還曾在外出送產品途中，不幸被坍塌的腳手架砸中，導致左手前臂和右小腿受傷，長時間在昏暗的環境中刺繡，令她患上了嚴重的眼病，雙眼流淚不止，和左臂、右腳骨的畸形及疼痛伴隨了她終生。

一九四五年八月日本投降，緊接著，爸爸被任命為他的母校國立中央大學的校長。一九四六年夏，全家隨學校到了南京，爸爸決定謝絕當局給予的全套服務人員和花園洋房，將洋房讓給中央大學其他教授居住，我們則在中央研究院薩本棟（薩先生當時任中央研究院總幹事）樓下的兩間空置屋裡安家。媽媽十分清楚這會給自己帶來負擔和辛勞，但她認為爸爸應該這樣做，並將所有的辛苦都默默地承接下來。生活中，媽媽總是精打細算，從和爸爸組成家庭起，她就把每日開銷都記賬統籌，使全家的生活井井有條（一直和爸媽住在一起的我的大兒子，在爸媽家耳濡目染，很小就學會了記賬消費，規劃生活），可惜當年的「賬本」已不知去向了，否則還真是當年社會生活的寶貴記錄呢。

媽媽對兒女們給予了深切的母愛與溫暖，我們成年前她養育我們健康成長；我們成年後走上了工作崗位，她又「轉型」為鼓勵我們做好工作的支持者，成為給我們排憂解難的「後方基地」。

哥哥惕生一九四九年考入清華物理系，畢業後分配到部隊從事原子放射醫學研究，因長期受超劑量照射致殘，是一名甲級殘廢軍人；與他同時致殘的戰友皆已先後離去，而他在媽媽這個「後方基地」的保護、照顧下，至今仍在艱難地與死神頑強搏鬥著。

弟弟再生在抗美援朝戰爭時，與一批同學志願參軍入伍，他原想戰爭結束後即返校繼續讀書，卻未想到從此就主要在海防一線部隊服務了一生；他與弟妹長期兩地分居，媽媽深知弟妹一人既工作又帶孩子的艱難，總是非常關懷她，弟妹因勞累過度患肺結核病，也是在媽媽這個「後方基地」休養痊癒的。

我從北醫大❶畢業後，雖然分配在北京，但因工作繁忙很少在家，後來我又考取了公派去美國進修兩年，因此，我的兩個孩子基本上都是在媽媽這個「後方基地」長大的。那時候公交車擁擠，媽媽送外孫去幼兒園根本上不了車，就帶著外孫步行從地安門前往六七站公交路程（大約是現在的官園附近）以外的科學院幼兒園，小孩子走不動了，媽媽就背著他前行。週一送、週六接，每週兩次，直到後來有了「兒童三輪車」。

妹妹湘如在航空學院畢業後，參與建設西安閻良航空基地工作多年，由於條件艱苦，兩次生育的子女均不幸夭折。媽媽心痛獨自掉淚，但從無怨言。

媽媽心地善良，為人寬厚，珍視親情和友情，她和許多科、教、文化界的同仁建立了深厚友誼。抗日戰爭期間她在十分貧困的情況下，仍同爸爸一起盡力對遭遇困難或生病的學者、青年給予真誠的援助關心。多年後，張鈺哲先生說：「患難見真情，你們的媽媽就是這樣，我永遠不會忘記。」

媽媽於一九九四年五月離開我們隨爸爸而去。病重期間，她特別關照：「我的後事一切從簡，不要驚動親朋好友們。」她總要我牢記爸爸多年的教誨，好好工作，關心哥哥弟弟妹妹！

媽媽多年一直希望我學好鋼琴，並用自己刺繡攢下的一點積蓄，買了一架鋼琴，讓我在中學

2 （左上）1933 年，王立芬、吳有訓與冀生、惕生於上海合照。

3 （右下）抗戰時期，王立芬、吳有訓及子女惕生、希如、再生、湘如攝於昆明黎煙村惠老師大院。

時就學琴了，盼望我彈琴給她聽。但我上大學後，從未在家彈過琴。後來，媽媽和竺可楨夫人響應「知識分子要向勞動人民看齊」的號召，主動提出將家中的鋼琴送給科學院幼兒園，以示不搞特殊化。直到我七十多歲退休後，才用我自己買的一架多年未用的老鋼琴，重拾少年時所彈過的曲子，內心只希望媽媽在另一世界，也能聽到我的琴聲！

註釋

❶ 北醫大，即北京醫科大學。

又見母親

朱曉楓

《老照片》第十六輯中一幅照片真實地記載了我母親朱楓（朱諶之）一九五〇年在台灣臨刑前受審的真實場景。這是我在五十年後第一次看到當時的情況（以往沒有這樣的資料），一時間感慨萬分，千言萬語也無法表達我的心情。

照片中的母親，穿著一件在上海家中經常喜穿的小花旗袍，上身加一件毛線背心，面龐仍是那樣的消瘦，身影仍是那麼熟悉，彷彿又回到了五十年前。照片中的母親，儘管已面臨死神，周圍盡是如虎豹般的法官和憲兵，但她是那麼鎮定自若，沒有恐懼，一如面對坎坷的人生。

母親出身在浙江鎮海的富商家庭，從小受到良好的文化教育，畢業於寧波女子師範學校；她多才多藝，學習成績優秀，寫得一手好字，也能畫幾筆國畫；她和寧波最早的女共產黨員陳修良是同窗好友，接受進步思想的影響，多次參加學生進步活動；走出校門後，歷經坎坷，終得走上革命道路。她雖然家庭富有，還接受了一筆不薄的遺產，但在參加革命後，多次出資，捐獻給黨的事業。她把一切獻給黨，隨著工作需要，先後在黨的出版、財貿戰線，最後是地下工作戰線上，作出了自己的貢獻。她長期做著時刻有生命危險的地下工作，曾兩次被捕，經受了嚴刑拷打以致拇指傷殘，但信念始終堅定如初，最後在執行任務中不幸被捕。被槍決前，仍高呼「共產黨萬歲！」表達了她始終如一的堅定信仰和平凡而偉大的情操。

母親也是一個有血有肉非常重感情的人。除了在工作中識大體、顧大局、艱苦奮鬥，對同志以「大姐」自居，樂於助人外，對家庭和子女，也寄託了深厚的感情。她在全國大陸即將解放，為執行任務赴台前，在書信中盼望同家人團聚，感慨「人非草木」；在給我的三封信中，第一封信要我先寄照片給她（因為工作，母親已與我幾年未見）；第二封信要我近期到廣州，等她從香港來見上一面（但那時上海剛解放，我還在上學，談何容易）；第三封信上她已要出發赴台，說個人的事先放一放。終於未能如願。母親重感情，但能為了事業犧牲個人的一切，照片中的母親鎮定自若，表明她已視死如歸，堅信為之奮鬥乃至犧牲的祖國解放和統一事業一定能成功，家庭和子女一定能理解她。

母親犧牲在全國大陸已經解放的一九五〇年，至今（二〇〇二年）已五十二個年頭了。她一天也沒有享受過解放後的自由幸福生活，更沒有盼到與家人的團聚！看著照片，我更加浮想聯翩：母親啊！您雖死猶榮，永遠活在我們的心中！

1 （上）1945 年日本投降後，朱曉楓參加「台灣抗日義勇隊少年團」，赴台灣參加接收後，於 1946 年 2 月返回上海，與母親相聚。1946 年 5 月，朱曉楓將去蘇北解放區，臨行前母女倆在上海照相館拍下這幅照片。母女二人從此再也沒有見面。

2 （下）圖為 1950 年 6 月 11 日，朱諶之在「法庭」上。

記憶中的母親

胡長和

二〇〇七年是媽媽的百歲誕辰，她離開我們已經四十七年了，她的生命僅延續了五十三年，也該屬於英年早逝吧！她走在缺衣少食、陰霾苦澀的一九六〇年。

那時，我還是一名野外地質隊員，噩耗傳來時，我正與一位水利工程師風塵僕僕地走在晉東南❶山區，勘查一座座小型水庫的壩址。因為行蹤不定，隊部沒找到我，三妹發來的電報沒能及時轉達。待我返回隊部時，接到第二封電報，告知母親已火化安葬。突聞母親猝然離去的消息，我先是愕然震驚，難以置信，繼之是淚流滿面，不能自已。母親才不過五十多歲，怎麼就撒手人寰了呢？

我和母親一直是聚少離多。一九四五年抗戰勝利後，我就長期寄宿學校，一九四九年參軍後和家中聯繫甚少，一九五二年遠去東北，天南地北更難得一見。一九五八年春，聽說母親患腦溢血臥病在床，我當時雖有身孕，但仍匆匆趕回南昌去看望她老人家，卻不料這次見面，竟是永訣。

我知道，母親的病不只是身體上的，更重要的是精神上的重負。世事滄桑，家庭劇變，母親的才華再無用武之地。她從前的一些摯友也多遭遇不幸，這使她鬱鬱寡歡，更加重了病情的發

1 （上）1940 年，作者全家在江西泰和合照（右邊女孩為作者）。

2 （下）1946 年，作者全家在南昌合照，後排左邊為作者。

展，可我工作在異地，無法常在她身邊噓寒問暖。那時我總想，母親還不老，我會有機會照顧她的，可是生命無常，不想她就這樣過早地離開了我們，讓我悲痛欲絕。

母親是我心中的偶像

母親一直是我的偶像，我崇敬她。二十世紀二十年代末，母親畢業於中央大學教育系，二十五歲便擔任江西南昌女中校長，這樣的女性在當時可是鳳毛麟角。母親把她的全部精力投入到她的事業中，難以兼顧家庭。我在嬰幼兒時是由奶媽撫養，稍大後便寄養在大舅、三舅家，那時正是抗日戰爭的艱難時期，我跟著舅家輾轉流離，好在舅家表哥、表姐都長我十幾歲，他們像對親妹妹一樣，關愛著我。這時正值日寇長驅直入，南昌面臨淪陷，民眾處於極度恐慌與混亂中。危亡時刻，母親以一個年輕女性柔弱的肩膀，擔起了率學校數百名師生員工向大後方撤退的重任。這是一支龐大而繁雜的隊伍，不僅有師生員工，還有員工的妻兒老小，以及圖書和設備……面對數百雙期待的目光，年青的母親把學校的一些精幹人員組織起來，成立指揮部，下設若干小組分工負責，分頭帶領這個扶老攜幼的隊伍撤退。行進中，居無定所，食不果腹，疾病不斷滋生。瘧疾、痢疾時刻困擾著人群。其間還時常要躲避敵機的空襲，隊伍裡瀰漫著沮喪、痛苦、絕望的情緒。母親以堅定的信念，盡力給大家以安撫和鼓舞，隊伍最終來到江西的戰時省會泰和縣，並在滲田村安頓下來，重新建校。

母親任省立南昌女中校長十年有餘，桃李滿天下。那時我們姐妹正處在學生時代，在許多場合，當人們知道我們是「劉恆」的女兒時，便會有人擁過來驚喜地問道：「你是劉校長的女兒？你媽現在身體怎樣？」

戰時的艱辛，使得母親的健康受到較大損害，過早地罹患高血壓，經常頭痛眩暈，又無有效藥物。無奈之下，她不得不堅請辭去校長的職務。送別母親離校的場面十分感人。她的學生曾向我們講述，當歡送大會上代表致辭時，許多人泣不成聲，會後，送別的隊伍很長很長，送了一程又一程。全體師生員工送給母親一個帶金邊的大銀盾，上面鐫刻著感激的文字。十幾位學生懷抱大銀盾，把母親送回家，我們目睹了學生們和母親握手擁抱、難捨難分的場面。那個大銀盾和師

3 1929年，母親在南京獨照。

4 （上）1941 年，母親在江西泰和漆田村與南昌女中師生合影。

5 （下）1951 年，作者和母親在江西南昌合影。

生們贈送的其他紀念品擺放在家中簡陋的廳堂裡，多年間一直是家裡的一抹亮色。

辭職後，母親並沒有在家閒居，不久，她應當時著名教育家陳鶴琴先生之邀，到國立幼稚師範專科學校擔任國文和歷史課的副教授。與此同時，她還被任命為「江西省婦女工作委員會」的主任委員。這是個虛職，但母親依靠這個組織，在宣傳、組織婦女參加抗日救亡活動中發揮了積極作用。我記得，母親曾發起過各界婦女為抗日將士製作、捐獻棉衣及其他用品的活動。那時社會上廣泛傳唱一首歌曲，歌詞大意是：「秋風起，秋風涼，民族戰士在前方，我們在後方。多做幾件棉衣裳，幫助他們打勝仗，中華民族放光芒。」

當母親的學校安置在泰和漆田村後，我們家也在文江村安頓下來了，我和三妹先後從舅家來到文江村。一家人團聚了，在這裡一住就是五年。在文江的五年，是我整個的小學歲月，也是我一生中和家人團聚最長的時光。但那時母親也非天天在家，學校距文江村有幾十里山路，她每週只能回來一次，家中四個孩子的衣食住行全靠奶媽料理。我在兒時，因此很少享受到母愛的溫馨。依稀記得，母親難得在家的日子，常會在傍晚時分，領著我們姐妹到村邊小路上一邊散步，一邊教我們背誦唐詩……

母親的文采

母親出身於書香門第，外祖父是科舉出身，曾出版過《念廬詩集》。當年外祖父家境並不富裕，但他卻傾其所有，將三個兒子一個女兒送入大學深造，這在那個年代是十分少有的。其中值得一書的是二舅，他是第一位公費考入英國牛津大學的中國留學生，後來成為著名的人類學家。母親天資聰慧、勤奮好學，在外祖父的薰陶下奠定了厚實的國學基礎，寫得一手漂亮的行書，又擅長詩詞散文，三四十年代，她曾在繁忙公務之餘，撰寫了不少散文和詩篇，發表在各類刊物上，我極愛讀母親的散文，它優雅、婉約、細膩，散發出縷縷清香和甜美。令人惋惜的是，由於戰時的動盪和日後頻繁的政治運動，母親的作品大多散失，唯有手稿《乳燕離巢》被小弟珍藏起來，成為母親留給我們的寶貴紀念。

兩次珍貴的記憶

童年往事早已遠去，不得不承認，由於從小就很少在父母身邊，我和他們的情感不免有些疏遠和淡薄，但我和母親有過的兩次親密相處，像兩顆閃光的珠寶，一直珍藏在我的心底。大約在我十歲那年的夏天，我的大腿上長了個癤子，開始並沒在意，因為那年月，在鄉間被蚊蟲叮咬，手上腳上長個瘡癤，不過是小事一樁。但我腿上的這癤子卻越長越大，已長得比板栗還大了，黑紫色，挺嚇人。那天母親回來，我哭著走到她面前，說：「媽媽，疼死我了。」母親俯身一看，不由驚慌地喊道：「怎麼這麼厲害了！」第二天，她即帶我到泰和縣城醫院就診，第三天就開了刀。我清晰記得，刀口有一寸多長，兩三厘米深。每天，護士都要將浸滿黃色藥膏的棉條塞進刀口，每當塞進取出時，常疼得我哭叫不止。這時的母親，總是溫柔地擁著我的雙肩，輕輕地說：「和，不哭，不哭；和，勇敢。」我依偎在母親的懷裡，這是我兒時極少享受到的濃濃的母愛。還有一次，我被學校選為代表，去泰和縣城實驗小學做交換演講。我有些膽怯和惶恐，「實小」是戰時江西省會的著名學校。母親看出我的不安，決定親自陪我去，用一些事例鼓勵我，並說她為我驕傲。來到實小，母親緊握著我的手說：「和，勇敢，沉著。媽相信你會講好。」走上講台後，我一眼便看到坐在台下第一排的母親，她正用充滿期待和鼓勵的眼光注視著我，這使我平添了一股勇氣，鎮定地站到台前，流暢地背誦著我的講稿。之後，我深深一鞠躬，從容地走下台來。眼角的餘光中，我瞥見母親第一個熱烈地鼓起掌來。一股暖流湧上我的心頭，我飛快地走到母親跟前，投入母親的懷抱，母親滿面笑容地擁抱著我，連聲說：「不錯，不錯！」為了表示對我的獎勵，母親特地領我到一家酒店就餐，那時進酒店可是一件奢侈的事。我真切地感受到了兩個字，那就是——幸福！

註釋

❶ 晉東南，指山西省東南部。

憶母親

曹　虹

母親走了，以一百零三歲的高齡，走得安詳、平靜；雖然在最後的日子裡，我是希望她走的，但她真的走了，我又不能釋然。

母親李鄉林，一九〇八年農曆十一月二十一日下午四時出生在一個商人兼地主的富裕家庭；姥姥家更是富甲一縣、良田萬畝、誥命塞屋的官宦人家。她是這個家族的第一個孩子，長輩與下人都以「大姑娘」相稱。母親二十二歲嫁到夫家，夫家祖上曾出過兩個翰林，是遠近聞名的翰林府。

夫家上有公婆，平輩有三個大姑子。丈夫是獨子，從小嬌生慣養。大姑子、三姑子因沒有門當戶對的人家，老是待字閨中成了老姑娘，性格都產生了變化，每每比婆婆還厲害，母親都能隱忍，她最好的辦法是無言。母親的涵養可見一斑。

我的大姑雖有文化，但沒有進過正式學堂，因此她不允許下一輩的女性超過她，態度堅決地阻止女孩——我的大姐上學。母親對她永遠是不爭辯的，但她下決心要做的事，誰也無法阻止。她一直為自己賭氣中斷求學而後悔，怎麼會讓自己的女兒重蹈覆轍？她把大姐送到了姥姥

1 （上）這張合影是母親（右三）八歲時照的。正中的老婦人是母親的奶奶；右二是母親的姑姑（比她大十二歲，也屬猴，姑姑心疼母親自幼喪母，一直對她關懷備至，直到自己六十六歲時去世）；右一是母親的過繼娘；左一是母親的嬸母；左二是母親的二堂弟（嬸母所生）；左三是母親的繼母（母親的生母去世後父親的繼室）；左四是母親的大堂弟（嬸母所生）。

2 （下）母親十二歲時的小照，是她的姑父在家裡給照的，上面的文字是我父親七十歲時所題寫，其曰：「戊午初春，內姑丈張輪遠先生以一九一九年秋七月在鄉時為鄉林姐所攝照片一幀見贈，時姐方十二，正值妙齡，屈指將五十九年矣。今余年七十而，姐則七十晉一，結褵已四十八載，雖飽歷滄桑而幸均完健，對影遐思不勝今昔之感。弟潔如志。時在一九七八年即農曆戊午年三月八日。」潔如是父親名字，母親比父親年長一歲，故稱她為姐。

家，大姐一直在北京的姥姥家上學，直到高中才轉到天津的耀華中學。在耀華中學大姐參加了共產黨的外圍組織民青，而她們活動的場地就在我家，母親一直掩護他們，直至大姐去了解放區。有了大姐做樣子，我三姐上學也就順理成章，誰也阻止不了了。對於男孩，母親推崇藝多不壓身，幾個男孩或早參加工作，或技校畢業後工作，所幸都有專長在身。

母親處變不驚，堅韌，極其吃苦耐勞。一九四三年一個日軍小隊駐紮在家鄉王慶坨鎮，當時老保姆的三女兒小菊是個十四五歲的大姑娘，老保姆把她一個人放在家裡不放心，母親讓她帶著小菊來我家管吃管住負責陪四五歲的三姐。一天兩個孩子到街上玩，被一個日本兵看到了，日本兵喊著「花姑娘，花姑娘」追兩個孩子，小菊拉著三姐沒命地往家裡跑，正在院子裡的母親聽到動靜，迎著兩個孩子讓小菊往屋裡躲起來，母親領著三姐，這時喊著「花姑娘」的日本兵也衝進了院子，母親把小小的三姐推給了日本兵，可日本兵把三姐推到地上，用手比劃著，喊著大的，大的花姑娘，母親說沒有，沒有，正在院子裡洗臉的父親也衝著日本兵喊沒有，沒有。惱羞成怒的日本兵端起了洗臉盆，把多半盆洗臉水從頭倒到父親身上。此舉徹底激怒了父親，他穿著濕漉漉的長袍，帶著滿頭滿臉的洗臉水拉著那個日本兵找到日本小隊長。也許是剛剛進駐的日本人想表現出親善，也許是父親在鎮上的名聲與威望，也許這個日本小隊長還有些人性，最後是日本兵挨了小隊長左右開弓十幾個耳光，向父親不停地鞠躬道歉而告終。而老保姆對父母捨命保護她的女兒心存感激，以至於出身僱農的她無論我家後來出現什麼樣的變故都不離不棄。災荒年時她曾往返一百里給我家送去幾個玉米麵餅子，雖然每人合不到一個，可那是糧食比黃金都貴的年代。

一九四七年，父親因遭漢奸曹用栴誣告，被關到天津西獄所。母親沒請律師，頻繁出入西獄所向父親瞭解情況，憑著幾本民國時的法律書籍，自己口授，讓在耀華中學上高二的大姐記錄寫出了答辯狀，並且自己出庭，當庭為丈夫辯護，最終父親獲無罪釋放。這是當時不足四十歲，纏過足，只上過兩年私塾的母親讓人驚歎而又不得不佩服的地方。而那個漢奸曹用栴，解放後則被政府鎮壓。

解放後父親在北京參加了工作，工資不算太低，但因兩地生活，每月只能寄給家裡四十元，而每月的房租就需八元，家中還有五個孩子，四個正在上學，加上母親，經濟的拮据可想而知。母親學會了縫補漿洗，學會了納鞋底做鞋，學會了踩縫紉機。常年的勞作讓她的關節變形，與此同時，她也完成了由富家小姐到富家少奶奶再淪落到社會底層的蛻變。母親從不報怨，她學會了變賣物品以及頻繁地出入當鋪——在過去那是讓人不齒的敗家行為。母親雖不時出入當鋪和信託行，但有兩樣是從未賣過的，一是我家的書籍，那些孤本雕板，二是御賜的紙墨。

母親開明、民主，從不干涉子女的選擇。我們兄弟姐妹七人上學，離家工作，結婚，一直都是自己做主。大姐走後，二哥參軍，復員後又繼續求學，畢業後在街道混了一段時間，最後去了克拉瑪依；四哥初中畢業，自己報名去了陝西的一個工廠。那時陝西還是荒蠻之地，生活困苦，四哥年少離家，身體又不好想回來，母親阻止了他。如果說她干涉過子女，這也應該算一次。其實這當中也有不得已的苦衷，那時家裡已經失去了經濟來源，外面再苦總還有口飯吃。我在高中畢業後選擇了到新疆求學，後來我才知道，我的離家讓母親在招生人員面前流下了眼淚，但她在

3 （上）1963 年 12 月 20 日，母親與我惜別於站台。當時沒有北京直達烏魯木齊的火車，我們先到西安，休息一晚，再乘車到蘭州，然後才能到烏魯木齊。

4 （下）1963 年 12 月 20 日，母親送我去新疆，在北京站候車室等車，我胸前佩戴的布章是「進疆學生證」。

我們面前永遠是堅強的。

母親任勞任怨一心為子女操勞。三姐高中一畢業就參加工作，在單位住宿，不久就得了哮喘。這種病極難根治，母親憑著自己記的偏方用柚子外皮加冰糖熬水當茶飲。到了冬季，單位取暖生火了，三姐就把母親給她準備的幾種材料放在同樣是母親準備的專用鍋裡熬煮，喝的三姐一見就噁心，但老娘囑咐無論如何不能間斷，整整兩個冬季，因為治得及時，天下第一難治之症居然被母親根治了。父親去世時，母親已經八十五歲，她仍堅持獨立生活。直到九十三四歲她還能在家人的陪伴下買自己喜歡的東西。父親的撫恤金少得可憐，根本無法維持生計，可她從不張嘴找子女要錢，幸虧子女們都還孝順，她帶的幾個孫輩更知反哺，使她在暮年過得還算愜意，這也是我們聊以自慰的。可即便如此，她也精打細算分門別類地管理著自己的小金庫，把生活費之外的各項收入——孫輩們的孝敬、過節過生日的紅包一一劃分，於是鑲牙、做白內障手術的費用，以及平時一些小災小病的醫藥費從不讓子女操心，甚至她走後的一切費用都是她給我們留下來的……

母親心地善良，平等待人。母親待下人、傭人從不擺大小姐少奶奶的架子，即便有下人伺候，她也一直堅持內褲一定要自己洗，她說這是對人的一種尊重。那怕是兒女，直到一百歲她還堅持自己洗第一遍，一直到實在無法堅持。母親在原籍口碑極好，我的一個同族的四大爺，因家務事離家出走，杳無音訊，四大娘活活氣死，留下四個孤兒。他們沒有田地財產，父母收養了他們，但一切吃穿用度都由母親操持，母親對他們如同己出，讓我們以兄姐相稱。直到現在，還健在的已經年近九旬的四姐提起當年，還不勝唏噓，感激之情溢於言表。母親喜看書，極聰明。我的親姥爺是個中醫，家裡開有藥房。因從小過繼給大娘，所以和親生父親在一起的時間並不多。即便如此，她從小就會背一些湯頭歌以及隱含藥名的謎語、順口溜。像「五月將盡六月初，家家買紙把窗糊，丈夫出外三年整，千里傳書一字無」等，就是小小的我們也都耳熟能詳。更奇的是，她會通過捏指穴治療小兒發燒、腹瀉等小毛病，但她只用在自己孫輩身上，從不外洩。我家從老家離開時，留下了數不清的財物，這事母親從未提起過，但一套中醫古籍沒有帶出，卻是她不時提起的一件憾事，可見她對中醫的濃厚興趣。一九五八年她到街道工廠參加工作，在所有人員中她年齡最大，卻學得最快，加工的部件質量最好，以至於在定工資時她在全廠拿得最高——二十九元五角。這點錢在今天聽起來雖然可笑，可那是低工資時代，男性廠長也才三十一元。這筆收入，解決了我們家的大問題。二十世紀五十年代後期，母親帶我看了一場五分錢的電影，片名我已經記不住了，沒想到過了幾天，母親竟隨口唱出了裡面的插曲，那歌詞那曲調全然沒錯，我驚詫於她的樂感和記憶力。母親閒暇時喜看書，古今中外的書她都愛看，以至於家人得把借書作為一項任務。九十三歲那年作了白內障手術後，她還用放大鏡看書，尤喜《紅樓夢》，一百歲時，《紅樓夢》中的那些詩詞，她張口就來……

母親去了，帶著些許的遺憾。一百歲那年，我去照顧她時，她說要講講她的履歷，等我拿了本子和筆想記錄時，她只淡淡說了一句：「算了，告一段落吧。」從此再未提及。

如果我不去拿筆拿本子呢？她說不定就會滔滔地講下去了吧。

5 1971 年，我與母親在天津合照。

我的母親

王東成

母親沒有名字，結婚後被稱為「王韓氏」。一九〇九年出生，一九八二年去世。母親家是寧河縣南埋珠莊[1]的一個大戶，家境曾相當優裕。後來，由於在外做大買賣的二叔敗光了家裡的田產和房產，家道中落。

結婚時，父親二十九歲，母親二十一歲。這說明，父親家貧窮，娶媳婦不容易，而母親家則比較富裕，養得起大齡女兒。母親常說：我是被媒人騙到你們老王家的，聲聲說在關東有買賣，可進門一看，全不是那麼回事，房子是租借的，連鍋碗瓢盆也都是借的，結完婚就得立馬還回去。

1 母親 1909 年出生，1982 年去世。

母親的祖父十分偏愛讀過點書、在外做大買賣的二兒子，加上二兒媳婦也是大戶人家的千金，妻貴夫榮，因此，二外公就更加得寵；而我的外公沒唸過書，只得和長工們一起下田幹農活，我的外婆也出身於貧寒人家，所以外公這支便不受這個大家族家長的待見。正因為如此，母親身上才有一種「憂鬱的貴族」氣質：她享受過富裕的生活，見過些世面，有教養；但是，不冷傲，不專橫，不嬌氣，待人平等、平易、誠懇、熱情，反感歧視，反感「勢利眼」，反感「嫌貧愛富」，富有正義感和同情心；她重視親情、友情，但是，又能洞察到那溫情脈脈的面紗掩蓋下的冷酷、殘忍、虛偽和不公正。

飽嘗大家庭歧視的痛苦，外公決心不把自己最疼愛的長女嫁給像自己一樣的「滿頭滿臉都是高粱花子」的莊稼人，一心要把我母親嫁給一個體面的城裡人。因此，在巧舌如簧的媒人「忽悠」下，便欣然同意將自己的女兒嫁給了說是「在關東有買賣」的父親。

結婚後，母親知道了我們家的實情，但是，為了不讓自己的父母操心，她一直將實情隱瞞，使我外公很長時間都以為母親生活得很滋潤；外婆雖然知道一些，但也只能陪著女兒掉淚，勸慰女兒忍耐：日子會越過越好的，「不看新媳婦坐轎，但看老太太出殯」。母親常說：「多少屈，多少淚，都一個人往肚裡咽，夜裡睡不著，在炕上『折餅』，想家，想自己的媽媽啊。」

父親三年才回一次老家休探親假，每次也就兩個多月。因此，結婚九年後母親才生第一個孩子，就是我大姐。之後，又接連生了兩個女孩。一九四二年，我們家遷到了東北。第二年，母親就生下了我大哥。祖母非常高興，給我大哥取名叫「長栓」。之後，母親又一連生了三個男孩：二哥、我、弟弟。

母親平時很低調，從來不說大話，她常常告誡我們：「寧吃過頭飯，不說過頭話。」越是在家人遭遇困苦和危難時，特別越是在父親深陷困境時，她越是沉著、冷靜、堅毅地挺直腰板兒，成為家人和父親的好幫手與「定海針」。

母親似乎一輩子也沒有對哪個兒女說過「我愛你」，但是，她永遠是我們兄弟姊妹的淚泉。過生日的清晨，從睡夢中醒來，我們總能發現枕邊放著一個熱乎乎的雞蛋。冬天的早晨，母親總是早早起來，生好爐子，把我們的棉衣、棉褲烤熱，才叫我們起來趕快穿上熱乎乎的衣服。早晨吃飯，母親總是用兩隻碗把滾燙的熱粥倒來倒去，使我們喝著不燙嘴，保證我們上學不遲到。

每當我們採回山菜，母親都十分高興，想方設法在菜裡加些下飯的佐料。看著我們「狼吞虎嚥」，母親心裡別提有多高興！

患病的日子裡，我們大都能吃上一碗熱騰騰、香噴噴的麵條。打小就體弱多病的我，特別懷念那些患病的時光，因為不僅能吃到平時吃不到的好東西，而且還能撒撒嬌。得病時，母親總是時不時地撫摸我的額頭，常常心疼地呼喚「我的狗子」。那時我感覺自己是全天下最幸福的人。我當過好幾年的「老兒子」，母親這樣稱呼我的時候最多。我最喜歡枕著母親的腿睡覺，感覺那時的自己，就是一條停泊在港灣的小船，感覺母親的身體總是散發著幽幽的馨香。

雖然貧窮，但是母親總是盡可能地讓我們穿戴得整潔、清爽。她把體面和尊嚴的種子悄然無聲地播在了我們兄弟姊妹的心裡。

每個中秋節都是家裡一個芬芳的日子。那時，我們圍在母親身旁，滿懷期待地看著母親一點一點地把各種糖果平均分成幾份。當母親說「可以挑了」，我們便立即歡呼雀躍著把自己早就相中的那份攬在懷裡。我們美滋滋地吃著自己那份糖果時，母親的臉色特別柔和，眼中流出淡淡的、甜甜的笑意。挺小的我，早早就發現，母親最快樂的時光，就是看到我們津津有味地吃著她做的飯菜的時候，就是看到我們獲得好成績或被人誇獎的時候。

晚年，母親深受三叉神經痛的折磨。但是，在我妻子生孩子而我又在外地讀大學時，她還是忍著巨大的痛苦，伺候了我妻子整整三十天的「月子」。至今妻子每每與我說起這件事，還是感激不已。

母親愛幫助人。她常常幫助左鄰右舍做些針線活，尤其是做些棉衣、棉褲，常常幫助別人調節家庭糾紛和鄰里關係，也很熱心街道和家委會組織的公益活動。

母親住院做手術之前，把自己的「後事」安排得天衣無縫：喪葬的費用，為她過三個「週年」的費用，她都自己準備好了；連葬禮上我們兄弟姊妹佩戴的黑紗，她都事先備下了；還親自囑咐身邊的兒女，過三個「週年」時，如果瀋陽的大姐和姐夫來家，往返的火車票等費用，都要用她留下的錢來支付，不要大姐家破費；三個「週年」過後，就不要再過了。

記得讀大學時一次放暑假，我先去瀋陽看望住在大姐家的母親，然後再轉道回家。母親非常高興。臨走時，母親悄悄地往我衣兜裡塞了五元錢。那錢，熱乎乎的，不知在母親手裡攥了多久。

讀大學時，每次開學離家，我都勸因摔跤而骨折的母親不要出門送我，母親也總是笑著說：又不是上戰場打仗，媽不送你。可是，當我走出很遠回望家門時，總能看到母親佇立在家門口望著遠行的我，風，正吹拂著她那稀疏而斑白的頭髮。兒行千里，母親的心總在身邊。在我心裡，母親化作了一尊立在風中的雕像。

一直到現在，我們兄弟姊妹聚在一起，都還會淚眼婆娑地回憶起我們這個貧寒家庭的幸福時光。

我們不會忘記，我們屏聲靜氣地看著、聽著母親一邊做針線活，一邊含淚哼唱《杜十娘怒沉百寶箱》《金玉奴棒打薄情郎》《孟姜女哭長城》等辛酸的民間小曲。潤物細無聲，正義與公平、同情與悲憫的種子，正是在這如訴如泣的哼唱中，在我們的心裡扎根、發芽。

母親在我大學畢業的前十幾天離世，她都沒有看到我之後的生活。但是我相信，她一定知道我永遠感激她、愛她。

註釋

❶ 南埋珠村，位於天津市寧河區豐台鎮的下轄地區。

2 （上）父母和四個孩子合影。攝於 1943 年。

3 （下）母親和六個孩子合影。攝於 1954 年。

一張照片的由來

徐珣

這張老照片，已經珍藏近六十年了，母親也早已離開了人間。但是，老人家寄寓鏡頭的心願，卻一直未能了卻……

母親是青島市郊城陽人，嫁給父親後住在蘇北如皋縣縣城。母親不識字，記性差，自稱是沒有見過世面的「鄉巴佬」。但她待人熱情、厚道，坊裡男女老少，都誇她為「好大嬸」。

一九四九年三月，正逢渡江戰役前夕，華東野戰軍二十二團團部，借住在我家院子裡。母親對團部收養的烈士子女、孤兒，十分同情和關愛，親切地稱他們是「小小兵」。母親還組織了幾個要好的家庭婦女，幫助料理他們的食宿。

四月二十一日，渡江戰役正式打響。部隊要打過長江去，孩子怎麼辦？團政委找我母親商量，想將這些孩子暫時寄養在我家，等戰爭勝利後，再回來接走。母親一口答應了。第二天，母親起了個大早，將孩子們打扮得花花綠綠，排成隊，帶到大院門口。母親對政委說：「首長，請你點下數，十二個孩子全在這裡。待你們打過江再來接人時，保證一個不少！」

分別時，母親帶著孩子們齊聲喊道：「伯伯叔叔阿姨，再見！」政委被質樸的童聲感動了，

1 母親與「小小兵」們

他噙著淚，舉起照相機，拍下了這張照片……

部隊出發後，母親和幾個鄰居一起，精心照料這些三歲到八歲的孩子。有的孩子不好好吃飯，母親就一口一口地餵。一次，一個孩子高燒不退，母親冒著瓢潑大雨半夜去請醫生。孩子的病很快痊癒，母親卻因路滑摔了一跤，腿腳受傷，一瘸一拐，忍受了個把多月的痛苦……

三個月後，部隊派人來接孩子了，他們帶來好些江南水果，母親全分給了「小小兵」，只讓我收下了這張被她認為最珍貴的照片。一個紮著兩條小辮的大眼睛女戰士，鄭重地對母親說：「由於戰事緊張，政委不能親自來答謝，十分抱歉。他囑咐我轉告，有機會一定把照片放大一張，當面送給你這位好大嬸。」母親笑著說：「部隊殺敵不惜流血流汗，還要感激你們呢！」分別時，母親和孩子們依依不捨，哭成了一團。

母親活到八十八歲，一直銘記著大眼睛女戰士的話。一九九八年九月，老人家病逝前，還盯著這張照片，說：「這些『小小兵』肯定早已成大氣候了。說不定還有人能記起我這個老太婆，只是沒法子聯繫……」病危的那天晚上，母親喃喃自語道：「政委……政委是個說一不二的人。他……他為什麼……為什麼一直沒有將放大的照片送我？會不會……會不會早在戰場上犧牲了呢……」

懷念我的母親

李守民

樹欲靜而風不止，子欲養而親不待。

花甲之年的我，每每想到母親——我的如普天之下千千萬萬慈母一樣善良的母親，我的飽經滄桑、把畢生的愛都傾注在兒女身上的母親，她的音容笑貌就會浮現在我的眼前。對她的思念揮之不去，心中常存一份未能盡孝的愧疚。

一九八五年二月十六日（農曆甲子年臘月二十七），母親走了，帶著一生的疲憊和對人世間未盡的愛，去了天國那個寧靜的地方。

一次次夢迴破舊的老屋，注目庭院中的每一株草木，尋找母親曾經留下的足跡，感受三十年前農家小院裡素樸盈溢的親情，追尋母親操勞的身影，可夢醒後，總是淚濕枕巾。

一九一〇年二月，母親出生在安丘縣❶一個農民家庭，在九個兄弟姐妹中排行老七，二十七歲時嫁給了我的父親。

父親在本族兄弟中排行老大，母親自然是家族裡的長嫂。中國有句古話，長嫂比母，母親是擔得起這話的。她的克己、謙讓、寬厚，發自生命深處，並得到鄰里、家人的尊重信可。❷

大躍進後的三年困難時期，本是種地吃飯的農民，卻到了穿不上衣吃不上飯的地步。那時候，父親在大集體幹著繁重的體力活，我們這些小輩們正是半大孩子，長身體的時候，格外能吃，家裡僅有的那點瓜乾雜糧，母親像寶貝一樣珍惜著，盡量想辦法讓一家人能有個溫飽，而她自己的一日三餐，卻幾乎都是從荒坡野嶺間挖來的野菜。就是在這麼艱苦的歲月裡，母親還是力所能及地周濟一些生活更苦的鄰居，甚至是素不相識的陌生人。

記得二十世紀六十年代一個初春的早上，母親剛從親戚家借來小半筐地瓜乾，碾成粉，煮成稀粥，全家人圍坐在一起喝著。門前來了要飯的，一個瘦骨嶙峋的婦女，自稱是廣饒縣的，領著兩個面黃肌瘦的十歲左右的孩子，站在寒風中直打哆嗦。母親二話沒說，接過人家的討飯碗，給滿滿地盛上了熱乎乎的飯，看著一家三口狼吞虎嚥地吃完了，母親又找出個煎餅和幾片地瓜乾，塞到那個婦女手裡。那頓早飯母親沒有吃，只是自言自語地唸叨著：「要飯棍不沉可怪難拿呀。窮了幫一口，強於富了送一斗啊。」

我有一個遠房哥哥，從小失去了母親，繼母雖然待他不錯，但後來接二連三出生了眾多兄弟姐妹，讓原本困難的生活更加清苦，眼看快三十歲的人了，連個媳婦都說不上。母親看在眼裡，急在心裡，一次次讓我給遠在吉林的大姐寫信，託付大姐一定給他找個活幹。後來，這個哥哥投奔到大姐家，大姐和姐夫千方百計託人把他安排在當地林場，以後又幫他娶上了媳婦。其實，在那個年代，大姐家的日子也過得異常艱難，家裡孩子多，憑票供應的口糧也是不夠吃的，但母親的再三要求，讓同樣仁慈的大姐不得不答應。

辛勞的母親

母親的一生，是忙碌的一生，也是操勞的一生。用她自己的話說，是個操心受累的命。婚後，她與父親相敬相愛。父親正直本分，是個地地道道的莊戶把式，幹什麼農活都是那樣的認真細緻和投入，總要力求幹得比別人更盡善盡美。無論是建國前後的單幹時期，還是大集體時代，勤勞能幹的父親都是母親的驕傲。然而，在農耕經濟相對落後的年代，僅靠父親一個人兩隻手，就是忙死累死也難以養活這一大家子人。母親自小纏腳，是典型的「三寸金蓮」，上坡幹活、承擔家務，自然要比別人經受更多的困難。而母親，則義無反顧地撐起了半邊天。上奉雙親，下撫子女，洗衣做飯，飼餵雞鴨，考慮柴米油鹽。農忙了，還要上坡勞動，幫著父親打場曬糧等。每天的黎明，全家第一個起床的是母親，而每個夜晚，全家最後一個上炕睡的還是母親。有時候半夜醒來，發現母親仍然在煤油燈下為我們縫補衣服。在我的記憶中，母親除了一日三餐和晚上睡覺，好像從來沒有閒著過，留在我腦海裡的始終是她忙碌的身影。儘管日子過得清苦，但母親從無怨言，茅屋幾間，粗茶淡飯，忍辱負重，貧病飢寒，直至離開人世。

小時候，母親講過的一件事，至今我記憶猶新：那是在三姐剛滿週歲時，正值農忙季節，母親見父親一個人在坡裡累得實在喘不過氣來，就趁三姐熟睡的時候，一手領著大姐，一手抱著二姐，挪著小腳下地幫父親幹活去了。等忙活得差不多了，匆匆趕回家，卻發現原本躺在炕上睡覺的三姐不見了，屋裡屋外找了個遍，急促的叫喊聲驚醒了躺在桌子底下的三姐。原來三姐一覺醒來，不見了母親，從炕上爬下來，哭喊著找娘，哭喊累了，又爬到桌子底下睡著了。看著滿身塵土的三姐，母親搶上去把她抱起來，緊緊地摟在懷裡，傷心地哭了。這哭聲裡蘊含著母親深深的愛，也飽含了幾多生活的艱辛。

大姐是當時村裡為數不多識字的女青年，然而有幾次招工進城的機會都被村幹部們的親戚頂了。為了謀生，年輕要強的她最終跟著親戚去了吉林的一個林業局，在那裡安家落戶。大姐離開了家，也帶去了母親的惦念。多少年來，她總是牽掛著遠方的大姐。除了託去東北的鄉鄰打聽個音信，再就是經常讓我給大姐寫信，然後就盼著大姐的回信。每當我讀完大姐的來信，不識字的她總是把信要過來，攥在手裡看了又看。

母親供我和妹妹上學的情景，更是我腦海裡永遠抹不掉的記憶。為了湊學費，母親辛辛苦苦地餵豬養雞。再就是抽空紡線搓麻繩，幫著父親搞點副業。實在湊不夠了，就走親串戶，東家五毛、西家三毛地給我借。上初中的時候，我每週都要從學校駐地回家拿乾糧。因此，每到週末，母親就更加忙碌了。除了做家務、幹農活，還要忙著推磨、攤煎餅、煮地瓜乾、弄鹹菜，為我準備下一週的口糧。記得有一次，家裡的鹹菜疙瘩也吃光了，鄰家的嬸子知道後，當即從自家的缸裡撈出幾塊鹹菜送來。當母親歉意地把一週的乾糧和鹹菜交到我手上時，我鼻子一酸，趕緊轉過身，背上乾糧跑出了家門——我害怕母親看見我臉上的淚水。我背走了乾糧，不知道辛勞的母親又要靠什麼來充飢。

母親的辛勞也深深地影響著我，讓我早早地學會了勤奮、節儉，懂得了感恩和珍惜親情。記

1 （上）1969 年秋，母親第一次照相。

2 （下）1976 年春，母親與二哥的兩個兒子合影。

得一個週六的中午，學校食堂炒的白菜裡放了幾塊豬肉。久已不聞的肉香吸引著我，為了能讓母親親口嘗一嘗，我狠了狠心買了一份，用瓦罐盛好，放學後小心翼翼地提著，步行十幾里路回到家。於是，這罐帶著幾片肉的炒白菜，便成了我們一家豐盛的晚餐。

今年的農曆臘月二十七就要到了，這是母親離開我們的日子。三十年的思念和無法盡孝的遺憾，濃縮成這一篇普通無奇的文字，以此回顧並懷念母親艱辛的一生。

註釋

❶ 安丘縣，位於山東半島中西部，自一九九四年改為安丘市。

❷ 「信可」，疑應寫「可信」。

讀八年私塾的母親

穆　公

一九一一年五月，華夏大地正處在一個非常時期，清政府瀕臨垮台。就在此時，北京的一座四合院裡一個女嬰呱呱墜地，她就是我的母親劉厚端（字初容）。

母親的出生，給這個書香門第帶來了許多歡樂。母親的祖父是著名小說家《老殘遊記》的作者劉鶚（鐵雲），❶母親的外公是國學大師羅振玉（雪堂）。❷劉、羅二人在甲骨文的發現和研究上有著開先河的功績，在其他方面也作出過卓越貢獻。母親的生父是劉鶚第四子劉大紳（季英），一位赴日留學生；生母是羅振玉的長女羅孝則（孟實），端莊淑賢的大家閨秀。母親作為家學淵源深遠家庭的長女，自小就受到家人和親朋的寵愛，也深受中國傳統文化的薰陶。

母親從來沒有進過洋學堂，她在填寫履歷時總是帶著調侃的口吻說：「我的學歷是八年私塾。」

其實，那時洋學堂已有所開辦，倡導者就是有中國現代教育之父稱號的羅振玉，他首創了中文的《教育世界》刊物，創辦了蘇州師範學堂……❸然而，雪堂公對自己孫輩上洋學堂卻有著不可理解的牴觸想法。他的長孫羅繼祖也沒有上過洋學堂，一直帶在身邊培養教育。繼祖的父親羅

1 後排自左至右：商靜宜、羅孝純、劉厚端、羅守巽、羅瑜；前排：羅振玉夫人丁氏與她的孫子。

福成對兒子上洋學堂也持否定態度。母親作為羅振玉的第一個孫輩——長外孫女，不讓她進洋學堂自是必然，而且很可能這就是羅振玉的「旨意」吧。

據筆者所知，母親青少年時期與外公家交往甚密。如母親與羅振玉長孫女羅瑜（完白）的合影，與羅振玉夫人丁氏及女眷們的合影，與羅振玉的三女羅孝純、五媳商靜宜、侄女羅守巽一起遊旅順口的合影等。從照片上看母親容貌姣好，衣著得體，生活是相當富裕的。

母親的學歷是「私塾八年」。按一般推測，六歲入塾，學八年即十四歲，正是母親的兒童少年時期。母親的私塾老師是誰？已無從考究，但她的兒時閨蜜堂姨母羅守巽晚年回憶時曾說，自己的老師是宣雨蒼，也許母親與堂姨母是同窗學友吧。八年私塾相當於現在什麼文化程度？按年頭算應是初二、初三，但從實際看，其數理化肯定達不到初中水平，而文史哲知識肯定高於現在的高中水準，甚至更高。據舅舅們說母親會作詩，但已無覓處。令母親終生遺憾的是家裡六兄妹，除自己以外都是大學本科學歷，三哥和四弟還是研究生，唯母親是私塾生，不知這應怪誰？

母親十六歲生日時，拍了一張划船的照片。厚滋舅為此題詩二首，正是她少年時快樂悠閒生活的寫照：

誰說神仙事渺茫，人間何必感滄桑。乘槎從此尋天女，洗盞銀河泛壽觴。
淡然空水綠空濛，小艇蘭槳繫纜紅。疑共神仙飛去也，翻身卻在畫圖中。

註釋

❶ 劉鶚，字鐵雲、公約，原名孟鵬（字雲博），筆名有鴻都百鍊生等，中國清代作家。

❷ 羅振玉，字叔蘊，號雪堂，金石學家。

❸ 江蘇省蘇州中學，位於蘇州市，江蘇師範學堂為其前身，於一九〇四年建立。

母親的一生

尹秋俠

母親於二〇〇九年八月二十五日離世，享年九十七歲。關於我父親，今年八十歲的我無論怎樣地追憶，也想起不起父親的模樣來。只記得兒時奶奶常對我說：聽大人的話，過年恁大大（父親）就買回花布來給你們每人做身花衣服。想來那時，父親肯定是來家過年的。只是因為那時我們年歲小又貪玩，根本就不親近常年不在家的父親。

多年以後，慶幸的是在母親夾鞋樣子的書本裡，竟然還夾著我父親十七八歲在平陰城❶裡唸書時的照片，照片雖已陳舊泛黃，面容還是清晰的。為此我曾追問過母親，為什麼有我父親的照片不早拿出來給我們看？母親說：看他幹什麼，不知死到哪裡去了？幾十年來，我們就憑藉這張照片回憶父親的模樣。

母親和父親同歲，他們十六歲結婚。

一提起父母的婚姻，我還為他們憋屈氣憤，在奶奶的干預下，他們結婚五六年了，還沒說過話。

後來，在我們的三姑奶奶的勸說下，奶奶不再控制兒子。於是，父母和好，隨之我來到這個世界上。雖說我是個女孩子，我的出生也給這個家庭帶來了歡笑，奶奶終日冷冰冰的臉上也掛上了笑容，而且奶奶還特別地疼我。因為我的降臨，一下子拉近了她們婆媳之間的關係。這時候父親在外邊謀到了一個教師職位，家有了外項收入，成了鄉親羨慕的家庭。可惜好景不長，伴隨著妹妹、弟弟的出世，日本鬼子就打進中國來了。從此，一家人輪流抱著襁褓中的孩子鑽東山進西山，荒山野嶺成了我們的家。但就是在這兵荒馬亂的日子裡，母親也是最忙最累的一個人。不管逃反逃到哪裡，母親總得把針線包袱帶在身邊，只要雙腳一停歇，她就得穿針引線、縫縫補補，操持一家老小的鞋帽衣衫。

1 父親留影。大概攝於 1931 年。

說起命運，我母親的命真的好苦，我家日子稍有好轉，兒女也雙全了，可父親卻在一次逃反時失蹤了。奶奶終日眼淚不乾，母親踮著一雙小腳，冒著風險，到處打聽我父親的下落。一年一年盼得我們姐弟都長大了，父親卻仍沒有回來。日子還得過下去呀，母親遵照我父親的話，孩子不管男女，都得上學認字。母親提出要讓我們上學，可是爺爺奶奶堅決不同意我們姐弟三人都上學。由於母親的執意堅持，爺爺奶奶只好表明，家裡只能供我弟弟上學，母親見再沒有商量的餘地，於是也表明了態度，除了吃喝，我姊妹倆唸書的一切費用都由她自己承擔。自此，母親為了供我和妹妹上學，她紡線、織布、做鞋，起五更睡半夜，千方百計地換幾個錢供我們唸書。

母親心靈手巧，為了織的布好賣，她把白棉線染成彩色線，織成花格子、彩條子布，這種花布很好賣，鄉親鄰里也都拿來白線讓母親給他們織花布。我們家有一台織布機，母親抽空坐上去兩三天就能織一丈布，織一丈布的手工錢就能換來八斤玉米。讓人高興的是，那時的學費可以直接交糧食，省去了不少麻煩。母親兩隻手的食指關節，也因長期反覆推杼板都彎曲變了形，再也伸不直了。母親就憑著她的一雙手斷斷續續把我和妹妹都供到了高小畢業，讓我們走出了祖祖輩輩沒水吃的小山村，踏上了社會，捧上了國家的鐵飯碗。

說起上學，又想起一九五二年我們在外村上學的事。那時候老百姓都過著缺吃少穿的日子，家家都得靠野菜、樹葉子頂口糧，在外村上學的學生所帶的口糧也大多是糠菜糰子，學校裡雖有鍋灶加熱，但因菜窩頭含糧食太少，放進蒸鍋一餾就會散攤在一起，同學們拿取時不是你沾了我的，就是我抓了你的，為此還會打架罵仗結仇怨。母親知道了此事，就用棉線繩結了一個小網兜兒，讓我們先把菜窩頭裝進網兜裡再放進鍋裡去餾，吃飯時提出網兜就行了。母親的這一妙招，一下子解決了我們的一大煩惱，別提我們有多高興了！鄉親們都誇我母親是能人。還有讓我們永遠忘不了的是，小時候每到冬天我們的臉、手都會皴裂得全是小血口子，一著水就疼痛難忍，越是皴裂越怵洗臉，小孩子常因洗臉疼痛大哭大鬧，甚至寧可不吃飯也不願洗手洗臉。母親每年冬天都會找一個大酸石榴，剝出石榴籽用布包起來，用力擠出汁，再加進一點白糖攪拌均勻，待糖溶化便成了黏黏的稀糊狀，裝進小瓶子裡用來給我們抹臉。自此，我們姊妹倆再也沒有皴過手和臉，人人見了都誇我們的皮膚好，長得俊。

自從父親失蹤後，為了盼望父親早日平安回來，母親便信起神來。可母親信神，既不設神龕，也不進廟宇，就在飯桌上隨時擺個香爐，面朝北一跪就敬神了。後來住房寬敞了，見母親對她心中的神這麼虔誠，我們就給她買來一個瓷觀音擺在小桌上，讓母親遂心如意地傾訴她心中的苦、心底的愛。除了迷信，母親還堅持每年給我父親做身衣服，做雙鞋子。做好了今年的，就把去年的拿到集市上賣掉。隨著日子越來越苦，母親就只做鞋不做衣服了。直到一九五五年，我把母親從老家接出來，她才不給我父親做鞋了。

母親出來以後，先是跟我住在集體宿舍裡，沒過多久，礦上領導在北山宿舍分給我和礦工李師傅一套兩室的平房。我們兩家各住一間，又合夥搭建了一個小廚房。從此，母親就跟著我過上了職工家屬的生活。李師傅是井下掘進工，日夜三八制地倒班，他愛人也是從農村才來到礦上的，女兒英子十歲了還沒上過學。我們兩家相處得很好，我喊他們兩口子大哥大嫂，嫂子常去山

2 （左）我和母親及女兒合影。1961 年秋，在陶莊中心醫院辦家屬醫療證時所拍。

3 （右）左邊是母親，中間是奶奶，右邊是叔叔，後排是我和十一歲的表妹。攝於 1961 年。

上砸石子，母親就幫他們照看英子，幫他們做飯。過年過節，李大哥就在礦裡食堂買兩份葷菜回來，我也在我們醫院食堂買兩個好菜，用細糧飯票換兩斤白麵回來包餃子。我們兩家就合在一起歡度節日，過得十分幸福快樂！李大哥常對我說：「大妹妹，尹大娘是你的娘，也跟俺的娘一樣，大娘對我們太好了。」如今回想起來，我們兩家在一起住了好幾年，竟然誰也沒問過誰的老家在哪裡？至今懊悔不已，只怪那時思想太單純，都把工作單位當老家了，哪會想到還會有今天！

我母親是位心地特善良而又大度的人。我之所以對母親有這樣的評價，是因為在和母親幾十年相處的歲月裡，我無數次傾聽過母親訴說她當年如何如何受婆婆折磨的事。她曾舉例說：「恁是不知道恁奶奶當年有多厲害，有一回她嫌我攤的煎餅厚，就把煎餅一下子甩到我臉上，還指著我的眉頭罵我：『你要是我生的，我今兒個就把你按在鏊子上煎煎吃了！』」不過，母親在說起這些往事時，都是當笑話一樣講給我們聽，從沒帶著怨恨咒罵過我的爺爺奶奶，還時時牽掛著他們。她知道老家太窮，一九六五年她賣了兩張煤票買了布料，精心細緻地給我的爺爺奶奶做好了送老衣，並親自送回了老家。這令我已經拄上拐棍的爺爺奶奶感激得老淚縱橫。我母親常說：「以前哪家的媳婦不吃氣，那時候的社會不能和現在比。」

母親一生勤儉，我們姐弟三人的孩子小時候的穿戴全是母親用舊衣物改製而成。她手巧，經她改做的小衣服式樣新穎，穿上比人家買的成品還洋氣，人見人誇人羨慕。有時有慕名來找我母親給孩子剪裁衣服的，母親會很熱情地告訴人家怎樣剪省布料，怎樣縫製做出的衣服板正得體。

還教人家開襠褲怎樣做不割襠不露腚，有時她見人家臉露難色，乾脆就說：「你要不會做，我給你做吧，做好了你來拿。」母親跟著我從住集體宿舍到住上大高樓，一次次地搬家，無論搬到哪裡，她都能很快適應新的環境，結交一幫老姐妹，多少年都還互有來往。但母親無論走到哪裡，處在多麼愉悅的環境，她仍然懷念著我的父親，她從不認為我父親可能早就不在人世了。她幻想著父親去了台灣，老家的老叔會突然打電話來，說他的哥哥回來了。偶爾她在電視屏幕上看到個姓尹的名字（她只認識「尹」字），她會一陣激動，忙問：「尹什麼呀？」母親多麼希望能聽到我父親的名字啊！

母親七八十歲時還在做針線活，如今的鞋帽衣衫都買著穿了，她閒不住，自己打袼褙做鞋墊，自己設計的花鳥魚蟲花樣多，活靈活現，非常漂亮。她納了一雙又一雙鞋，東鄰西舍、親朋好友家家送，就連一位賣豆汁的大姐她也送給人家兩雙，弄得人家過意不去，每次打她的豆汁總是拉拉扯扯不好意思收我們的錢。記得二〇〇七年重陽節，居委會主任給我們家送來二百元錢，說是國家對高齡老人的照顧，並對我母親說：「大娘，這錢是給你的，是國家對你們老年人的關心。」我母親一聽忙擺著手說：「可不能要啊！我又沒給公家幹活，哪能白要公家的錢。」說得主任都笑了。

二〇〇九年八月的一天，九十七歲的老母親上下二樓還不用人攙扶，卻突然就不吃飯了。問她哪裡不舒服，母親笑著說：「哪裡都舒服，就是不覺得餓。」我說不吃飯可不行，不吃飯你就沒勁下樓玩去了。母親咳了一聲，說：「天天吃飯，都快吃了一百年了，不吃了，吃夠了。」母親說不吃飯真的就不吃了，怎麼勸也不吃，只喝一點點白開水。無可奈何，只好給她掛吊瓶輸點營養液，誰知母親這一躺下就再也起不來了。有一天，母親突然問我：「你大大的照片還放著嗎？」我趕快找出照片遞給母親，母親顫巍巍地接過照片端詳了許久，突然嘻的一聲笑了，她說：「還是個小青年哩！」又歎了口氣很鄭重地說：「我和他一般大的，不管他早就死了還是活著，等我死了，給你大大寫個牌位，貼上這張照片，和我一塊燒巴燒巴，埋了算了，也免得你們以後老是個心事。」母親的話，說得我們全家差點就放聲大哭起來，不想，老人家說完這些話，微微一笑，臉一仰就走了。

母親故去後，穿上她七十歲時自己親手做好的、非常得體的壽衣，安詳地躺在鮮花叢中就像入睡了一般。我們遵照老人家的遺願，沒搭靈棚，沒披麻戴孝大辦喪事，恭恭敬敬地把二老安葬在棗莊市北山公墓。母親有了父親的陪伴，她就不會孤單了。

註釋

❶ 平陰縣，別名玫城，位於山東省濟南市。

懷念母親

羨夢梅

母親生於一九一三年農曆十一月十五。她三歲沒娘，跟著爺爺、奶奶長大。雖然已是中華民國了，但河北深縣❶的農民仍很封建，不讓女孩子上學，四五歲上奶奶就給她裹腳。她跟讀過書的嬸母學過幾個字，平日學做針線活兒，幫嬸母做小孩子的衣物。嬸母和堂妹是她最親近的人。

母親做得一手好針線，當年我奶奶就是看到她給她姑姑繡的一對枕頭後，相中了她，硬要她姑姑出面提親。雖然母親的爺爺知道我奶奶家人口多難伺候，但聽說我父親正在上學，人很老實，又是家裡唯一的男孩，就同意了。母親那年二十一歲；父親那年十七歲，正在冀縣城裡上中學。父親有四個妹妹，最大的十五歲，最小的五歲。家裡請了個老先生教姑姑們讀書。母親渴望讀書，為了白天能抽出時間認字，晚上為趕針線活兒常常熬到半夜，所以婚後一年，視力就大大下降了。這樣的日子沒過長久，七七事變日軍侵入華北，全家輾轉逃難到了天津。天津就成了我的出生地。

母親第一次照相的時間大約是在一九三八年春天，她正懷著我，平靜而莊重地站在小桌旁，面帶微笑，充滿自信和期盼。也許是因為即將要做母親才有這分❷喜悅吧（圖1）。

1　母親第一次照相。攝於 1938 年春。

母親聰明，做活兒也認真，從沒讓奶奶難住過。在天津，母親看到城裡人穿毛衣，很快向鄰居學會了毛線編織。奶奶買了毛線讓她給爺爺織毛背心，那是我家的第一件毛衣。

母親曾跟我說過，買毛線織衣服是最合算的。毛衣小了，可以拆掉重織，一斤毛線可用十多年。我妹妹穿的毛線大衣、毛線帽子都是母親織的，我穿的小夾袍也是母親做的（圖2）。

父親到上海讀大學，母親帶我跟了去。一九四四年夏父親大學畢業時，我已要上小學了（圖3）。三十歲的母親顯得有些蒼老，那時她已懷了我大弟弟。一個人照顧兩個不懂事的孩子，做飯洗衣服夠她忙的。除了父親的西裝，一家大小的衣服都出自她的手。除了家務，她還要給我們說故事，講道理，「牛郎織女」「白雪公主」等，都是我愛聽的。

母親善待貧苦人。記得母親生弟弟時，家裡找了個說北方話的保姆，聽說她家也是逃難到上海的。她有個兒子在上海打零工，間或來看她。保姆人倒勤快，但不知怎的，自打她來後，家裡的大米消耗得特別快，米桶幾天就見了底。一天，母親讓她抱孩子，觸到她鼓鼓漲漲的腰，母親明白，是她把米揣到懷裡帶給了她兒子。有一天吃烙餅，母親記得剩了不少，後發現陽台的小盆下扣著一張餅，她兒子來後就不見了。她主動辭職，並說了對不起母親的話。母親結算了工錢，對丟米的事隻字未提。母親說：「打人別打臉，她是為了她兒子才偷的，她知道錯，也是沒有辦法。」

夏天，我隨母親去小菜場，天熱，母親給我買了塊西瓜，我剛咬了一口，忽然被一個小男孩一把搶去。男孩穿得破舊，他跑到旁邊，把西瓜掰了一半給一個比他更小的女孩。兩人邊吃邊遠遠地看著我，我嚇呆了，只呆呆地看著母親。母親說：「咱不要了，你看這窮孩子，搶塊西瓜也知道照顧他妹妹。」

一九四五年春夏之交，我們回到天津。母親送我到耀華小學上二年級，還給我做了件帶蓬蓬袖的連衣裙。這使我非常開心。隨著時局的變遷，物價上漲，家裡生活也日漸艱難。除了二弟、三弟出生後給他們照過百日照之外，全家幾乎沒留什麼照片。為給孩子們弄點買水果或糖塊的零花錢，母親在零碎的綢布上繡花，包上邊，做成小飾物送到委託店賣。還把孩子們的壓歲錢折合成小米寄放在胡同口糧店，需用時，按當日糧價取出，以防被飛漲的物價「蒸發」掉。

一九四七年，從老家傳來我外祖父去世的消息。母親帶我去郊外朝著西南方向上供、燒紙、跪拜、哭訴；她哭我也哭，這時的我才理解她有多少苦痛，她生活得多麼不易。我可不能再惹她生氣了，我得幫她做事，照看弟弟妹妹。

解放前的那兩年，是家裡生活最困難的時候。東西貴，沒有吃的，母親為了填飽我們的肚子，就買高粱麩子摻上榆皮麵，蒸成好看的花卷，哄著孩子們吃。吃不起肉、魚，缺少油水，母親讓我去熟食店，買人家煮下水時浮在上面的「浮油」。母親給我們加在菜裡，讓孩子們添些營養。為了孩子，她自己吃的最差，以致舌頭都脫了皮。那時物價一日三漲，每到父親發工資的那天，母親都讓我去鄰居家借報紙，查看當日的麵粉價格，把相當一袋麵的房錢給房東送去。

一九四九年一月十五日，天津解放了，父親的工資改用小米計算，生活逐漸安定。一九五〇年我考入河北師院附中，開始了住校學習的生活。

2 （右下）作者和妹妹

3 （左上）全家合影。攝於 1944 年夏。

圖5攝於一九五五年，是我家唯一一張祖孫三代的照片。那年父親三十八歲，是天津永利鹼廠職工醫院的外科主任。祖父也和我們同住，全家十口人靠父親一人的工資生活。母親那年四十二歲，已是六個孩子的媽媽。上有老，下有小，全靠她料理，一天到晚有忙不完的活兒，但她過得很開心。街道上組織她上識字班，參加讀報組瞭解國家大事，看著孩子們一天天長大，學習進步，母親覺得過得更有意義了。照片上的她始終微笑著。母親還到縫紉班學習過，之後買了台縫紉機，弟弟妹妹身上的衣服、腳上的布鞋，都是她自己剪裁縫製的。父親為提高業務水平，還學過中醫和俄文。母親在街道上查衛生，幫銀行賣公債，還辦了街道托兒所……為此曾被選為塘沽區的婦女代表，和父親一道參加了天津市的政協會議。

大躍進過去了，三年困難時期來了。那時我和妹妹都在北京上大學，家中四個弟弟都正在長身體的時候，糧食不夠吃，母親拐著一雙「解放腳」，去郊區拾稻穗、挖野菜，可她從未抱怨過。圖4是她帶著兩個上小學的弟弟在整理挖來的野菜。母親照顧著全家，自己卻得了黃疸病。

一九六九年，上中學的二弟、三弟響應號召上山下鄉。那時我在內蒙古，妹妹在上海，大弟在哈爾濱，父母的家成了我們的「托兒所」。我的兩個孩子都由母親帶到一歲多才回到內蒙古。圖6是我送孩子回家時，與父母的合影。一九七五年夏，五十八歲的父親過早地離開了我們。四弟有了返城進廠的機會。此後母親和四弟相依為命，度過了後半生。

改革開放後，母親慶幸自己趕上了好日子。家裡生活改善了，她看上了電視，家裡有了冰箱、洗衣機。晚年的母親用從掃盲班學得的文化給我們寫信，要我們不要牽掛她，說她「現在

4 母親和作者兩個弟弟

捨得吃了，兒女都大了，各家都很好，我的任務就算完成了」。她仍是事事處處為兒女著想。二〇〇三年九月二十六日，母親平靜地離開了我們，享年九十歲。

註釋

❶ 深縣，今為深州市。

❷ 這「分」喜悅，疑應寫「份」字。

5 （上）唯一一張祖孫三代全家福。攝於 1955 年。

6 （下）作者與父母的合影

我的母親高昭一

趙絪

二〇一四年是我母親的百年誕辰。作為女兒，應該寫一篇紀念母親的文章。其實，在二〇〇六年母親逝世後，我就幾次動筆，然終未成篇。何故？母親不像父親性格顯明，才情縱橫，又愛說話，只需信手拈來，好的、壞的一大把內容。母親生性內斂，話語不多，一生的精力傾注在父親的事業與生活上，歷經種種磨難，喜怒哀樂很少流於言表，內容遠不及父親那樣豐富多彩，故每每提筆，每每中輟。

母親的名諱甚是複雜，且男性化——高肇義，如用當年繁體筆畫計算整整三十七筆，後父親嫌繁瑣，順勢改為高昭一。父親那些文化界朋友，知此改動，無不讚歎：「改得好！」所以，母親就一直用高昭一這個稱謂直到離世。

母親五歲喪母，缺失母愛，常被人冷落而嫌棄，養就了母親從小獨立、剛強和倔強的性格。她爭取了讀書的機會，成為「五四」以後倡導婦女解放、男女平等改革的受惠者，並掙脫了舊式家族的樊籠，走上了抗日救國的革命道路。在游擊隊邂逅了從北平走出的清華大學學生——我們的父親趙儷生，並於一九三七年結為伉儷，相扶相伴近七十載，被學界傳為一段佳話。

1 （上）1946 年，攝於陝西蔡家坡。父母與前三個女兒。

2 （下）1951 年，攝於剛到青島時。父母與前三個女兒和出生不久的弟弟。

所謂「佳話」，譽詞也是給予父親的，無論家鄉父老、同學友人，一提這段婚姻就是「趙儷生結婚了，娶了一個並不漂亮的女人，生了一窩並不漂亮的女兒」。用錢偉長夫人孔祥瑛的贊語：「趙儷生可是當年清華園的美男子。」我們往往替她續上同學背地裡議論的下一句：「可惜娶了個醜太太。」而在趙氏門中對母親就更毫無顧忌，每當有一房媳婦要進門，大家議論新媳婦不漂亮時，這時最低標準就出來了：「再醜還能醜過高昭一。」於是「模範丈夫、品格端正、不棄糟糠、沒有緋聞」等譽詞都給了父親，而母親成為閒言碎語中的陪襯人。

母親不漂亮，可上帝公平，再美的人一生也會有容顏憔悴、凋零的時節，而再醜的人也會有容光煥發的時候。母親在古稀之年成為一個氣質高雅、神清氣嫻的漂亮老太太，緣由不外母親口型欠佳，晚年牙一拔，嘴吻平復，沒像正常嘴型的老太太到晚年會凹成老婆婆嘴，反而十分平整，這就顯得年輕，加之最後二三十年生活平順，營養全面，因心臟病而長年服人參湯，養得一頭白髮如綢緞般光滑，面部少有皺紋，呈象牙白。沒見過她年輕時代的人會讚道：「你媽年輕時一定是位大美人。」「非也，我娘以醜著稱。」對方斥道：「兒不嫌娘醜，有你這樣講話的嗎？這麼漂亮的老太太真少有，你瞅瞅你才醜呢，哪點如你媽？」我無法解釋，也說不明白，可背了一輩子「醜」名的母親，在暮年呈現出她一生最光彩的那一面。每當有人誇母親有福，配得才貌雙全、品格端正的好夫君時，父親聽得別說有多滋潤。母親也似有滿足之感。

母親一生伴著貧窮、艱辛，少有快樂，加之個性倔強，顯得有幾分生硬，六個兒女，即便是她最看重的獨子和最疼愛的幼女，也沒有見她摟過、親過，態度總是很嚴肅。不像父親那樣有時和我們嘻嘻哈哈，打來鬧去，哄著孩子們玩。所以孩子們普遍親爹畏娘。母親口口聲聲表明，她是「五四」時代感召下的新知識婦女，可讓我感覺到的她依然是一個舊時代的傳統婦女。那個時代的風貌、格調、氣韻，還是頑強地殘存在母親那一代人的血液中。

母親從來不承認自己重男輕女，可我旁觀五六十年，發現母親是典型的重男輕女。她這一輩子尊夫、愛子、向婿、慣孫全是男的，而對女兒就使用一套限制和約制的手段。比如說吃吧，飯桌上如果我們吃猛點、快點，媽媽就停了筷子，看你半晌，然後教訓：「一個女孩兒家這麼個吃法，你不怕撐著啊？」然後告訴你吃飯的原則：「人只能吃七分飽！」還告訴你：「只有節制食慾，方能培養美德。」我們四五十歲時，媽媽還這麼教訓我們。可她就從來不限制老爹吃。老爹八十多只要認準了哪道菜，媽媽就拚命地給他扒。我們勸她別這麼填，年紀大了，會被撐壞的。媽媽卻不以為意：「不咋地，你爸他好胃口，消化得了，活到這八十多，不全憑著能吃麼？」

弟弟回來，在廚房為父母做頓飯，母親立其身旁，觀其嫻熟的刀工，片是片，條是條，丁是丁，猶如尺子量出來的那麼標準。瞅著瞅著，不覺黯然神傷，回到臥室，衝父親長歎一聲：「唉！我瞅瞅我兒子的那刀工，就知道在他們家，他一天在幹什麼！我可從來沒捨得這麼使喚過他！」女兒們不禁有幾分幸災樂禍。因為當年在家，只要有女兒在，母親從來不使喚她這唯一的兒子。諸如買糧、拉煤這類本應男孩子幹的事，向來都是支使女兒們來承擔。

我和夫君拌兩句嘴，母親往往要訓斥我一頓：「女婿人家是嬌客，到咱們家來啦，要客客氣氣，不能這樣呼來喝去」，所以在我家這塊絕對父權橫行、媽派凋零的天地中，女婿成為鐵桿丈母娘派，家中幹不了的碎活，如拉個電線、安個插銷、配個小鎖的活全包給了學理工的女婿，而女婿每去丈人家，都會拎上他的工具包，所以女婿一進門，媽媽就喜上眉梢。為此，落得眾兒女斥她為「偏心眼」。而夫君每提丈母娘也是讚不絕口，為我不像母親而大失所望，經常說：「天底下最享福的男人莫過你爹，你媽可算世界上最賢惠的家庭主婦了。你咋一點都沒你媽的樣呢？你就是有你媽一半我也知足啊！」我不愧是爹的女兒，立馬反擊：「你連我爹的三分之一都沒有，憑什麼要求我有我媽一半？我爹他養著我媽，你知不知道？現如今我退了職，你養著我，我自然就像我媽了！」夫君只能狠狠加上一句：「和你爹一樣不講理！」

在女兒的教育上，母親有傳統的一面。我們少年時，一到週末，她就敦促女兒們洗衣服、補襪子、練練女紅，父親就不以為然：「我養閨女也不是叫她們將來去補襪子。當年你嫁給我以後，懷著老大，拎著一塊花布發愁，不知道這開襠褲怎麼個鉸法，六個孩子一生，這不啥都會了，用不著學，都給我看書去。」媽媽從不反抗，只狠狠用指頭點著我的額頭：「啥都不會，看你將來怎麼過！」

少年時代的我輟學在家，一天瘋著看電影出去玩，媽媽將我反鎖在家，不許出門。我在小屋中跳著大喊大叫，父親走出來，一看這麼個鬧法，就問母親要鑰匙，母親不給，父親說：「牛不飲水強摁頭啊！你鎖了她人，能鎖住她的心？憋成個瘋子你不還得養著她，讓瘋去吧，能瘋出個好身體來也行。」媽媽將鑰匙甩給父親：「這孩子活生生的毀在你的手裡。」

在眾子女中，我是母親不待見的那一個，每有抱怨，大姐就會訓斥我一頓：「得了吧，別沒有良心，是你不好好上學，寒了媽的心，咱們小時候媽是最偏向你的。」後來我一比，果真如此，我家六個子女，從老三、老四中間分為兩部分，前三個女兒，後三個子女間隔都是兩歲，唯有我和弟弟間隔是五年，這說明，別人都是當了兩年老小，我卻有當了五年老小的經歷。當弟弟未滿週歲，我就被父親塞進小學讀書去了。特別是二姐趙紀、五妹趙紅是母親最疏忽的兩個女兒，這也是二姐逝後，母親抱愧不已的一塊心病，「虧了這個孩子」，是媽媽經常唸叨的一句話。

母親對六個子女的評價也是公允的：「後三個不如前三個身體好，不如前三個智商高，也不及前三個對家有責任心。」我往往補充一句：「但這並不妨礙您偏向後三個，使喚著前三個。」母親就不吱聲了。

母親從我們的幼年就在我們心中樹立父親的權威，引經據典地告訴我們，父親只有一個，不可更換，無從代替。不管外面怎樣對待你們的父親，回到家中，做家人的就不能虐待他、鄙視他，他是家中的頂樑柱，養活著一大家人，大家就得以他為中心，好生善待他，千萬不能虧了他。母親這樣教育子女，她也恪守婦道，悉心伺候著父親，學術上他們是盡情交流、探討、辯論的同道，生活中母親像對待一個孩子一樣照應著父親。我們見過父親撒嬌、耍賴的時候，卻壓根見不著母親如妻般的溫婉、嬌媚。她照料父親、關愛父親時流露出的是一種慈母般的眼神，她比父親大三歲，他們兩人有時爭辯到父親實在沒退路時，父親只消一句：「誰讓你是我的老大姐呢！」這句話就等於認了輸，別指望他說一句「我錯了」。母親也是一聽這句話，立馬偃旗息鼓，決不窮追猛打。

3 1955 年，在青島山東大學的家中。父母與後三個子女合照。

我家爸派壓倒媽派，讓母親有時也有些失落，我聽到她對外面回來的子女訴說「蘭州這仨閨女全是爸派」。造成這種局面的恰恰是母親自己，比如她和父親激辯，我們站在她一邊參戰，言辭稍有過激，媽媽回過頭就訓斥我們一頓：「有沒有規矩，他可是你爸！」

父親可是比母親會拉統一戰線，我們站在父親一邊，父親會對母親講：「老太太，你看，你看，孩子們都說是你錯了。」這樣就徹底孤立了老娘，久而久之，爸派自然而然就形成了，形成的過程確實是母親自己將我們推向了父親。

母親像護崽一樣護著父親，但畢竟身單力薄，阻擋不住來自社會的傷害。但只要父親回到她這一畝三分地上，媽媽就會維護住父親一家之主的尊嚴。父親是幸運的，有這麼一個嬌他、寵他的老妻，堅定了他活下去的信念，讓他艱難地度過了那個年代。他心甘情願地回到那破敗不堪的「窩」中，去尋求一個做人的尊嚴，為那輛快要散架的大車駕轅，讓他的親人們頑強、艱難地生存下去。

晚年退下來的父親寂寥了許多，顯得有幾分鬱悶。日子長了，媽媽會將我扯到一邊：「進屋裡去逗逗你爸，他可有日子沒發脾氣了，別憋出病來。」果然用不了三句兩句，爸爸就跳起來大喊大叫。看看吼得差不多了，媽媽會進來一把將我搡出里屋：「你看看，你看看，這孩子把你氣得這滿頭的汗，快躺下歇歇。這有熱毛巾，擦擦你這頭汗，我給你沏了壺好茶，咱們喝茶、喝茶，別理這混賬孩子。」爸爸不依不饒還在叫喚：「你咋給我養了這麼個忤逆的畜類！」等安撫好了父親，媽媽到小屋來看看我，我也氣不打一處來：「你倒會裝好人，讓我白挨了一頓臭罵。」「你爸這不憋了好長時間沒發脾氣了嘛，得讓他發洩發洩不是？要是這會子進來個外人，他把一肚子惡氣發給了人家，那不又惹了人。你爸他這輩子不運動，就靠發脾氣瀉火了。你是他閨女，挨頓罵有什麼了不起。他這一發洩，能舒坦好些日子，家中也就能安穩十天半月的，這有多好。這會子你爸那邊有我伺候著，你的任務完成了，歇著你的吧！」

我去父母家值班，請示老爹，說吃鯧魚。我將魚取出抹上鹽，將蔥、薑、蒜剁好切了，只等下鍋了。樓下來了新上市的茴香，下去買了一把，準備著第二天包餃子。哪知父親一瞅見茴香，馬上改了主意，衝我媽說：「老太太，我要吃茴香餃子。」我急了：「剛才你說吃魚，這鹽都抹上了，調料也備齊了，馬上中午了，吃餃子來不及了，明天再吃。」爸爸根本不理我，只衝我媽說：「我要吃茴香餃子。」媽媽也趕緊安撫他：「吃！咱們今兒個就吃茴香餃子。」回過頭指揮我：「把那魚用保鮮膜包起來明兒再吃。」我當然噘著嘴，一肚子的不高興。媽媽將我推進廚房安排著：「這餃子是天底下最好做的飯。這會子你和麵，我來調餡，兩人幹，一會兒就行！」老爹還在里屋猛叫喚：「多放肥肉，茴香喜油！」弄得我氣不打一處來，摔摔打打的很不情願。媽媽一邊幹，一邊又教訓了我一頓：「你這孩子咋這不懂事呢！你爸他養活著這一大家子，沒了他，咱母子上哪找這麼個現成吃飯的地方？他這輩子不就是好吃麼？他一個人才吃多麼點子？這不做好了大家都有份嗎？咱們就不能滿足他的這點需要？又沒吃你們做兒女的，不就是出點力的事嘛！」在父親的需求上，母親永遠是無條件滿足。

父親莫名其妙地大發脾氣、挺難伺候的個性，在學界還是頗有傳聞。每當外地院校請父親去講學，忘不了的就是把媽媽一併請來。這樣會省去許多麻煩。父親去開全國孔子基金理事會，

4 母親晚年，在家裡經常這樣陪侍在讀書的父親身旁。攝於 2005 年。

辛冠傑一見母親，先作一大揖：「有您這位『一級馴獸師』在，我就不怕這位爺兒他難伺候。」說明母親很會安撫這位不馴服的夫君。每當我們抱怨父親亂發脾氣時，母親先護在前面：「怎麼了？你爸他就是這秉性，那麼多的運動都沒把他給整治過來，你一個做兒女的，還想把他怎麼的？」還不斷教育我們：「孝順、孝順，順著他就是孝。其實你爸他是個順毛驢，只要能順著他，他可是天底下最好伺候的讀書人了，啥壞毛病都沒有！」

母親在她生命最後的一年多的時間裡，突然變成了另一個人。她不再給父親端茶餵藥，而是支使老爹伺候她：「給我倒杯茶來」，「去給我擰個熱毛巾」，「把咱們吃的藥數出來，倒到小盒裡」。每天一進門，父親就把我們拉到一邊：「你媽她虐待我啊，罵了我半宿，不讓我睡覺。」我們審娘：「你又罵他了？」母親一臉的無辜：「我啥時候罵他了？你們是知道的，我這一輩子從來不說一個髒詞。」確實，在我們面前，媽媽表現的還是那麼寧靜安詳，絲毫看不出她虐待老爹的跡象。父親可冤死了：「她都在半夜罵我。」「你耳聾，她嗓啞出不了聲，你咋聽著了？」「她抱著我的頭，衝著我耳朵眼罵。」從父親日見消瘦憔悴的面容上，不像父親無中生有。於是，我和大姐分別把他們帶到我們家，一般是父親跟我走，媽媽跟大姐去鐵院。可過不了三五天，二老就都不幹了，鬧著要回自己的家。於是再送回來，反覆折騰得我們也是疲憊不堪。爸爸鬧我們已經習慣了，適應了，也摸著了一點對付的方法，可媽媽鬧真有點讓我們措手不及，不知該如何處理。還是大夫告誡我們：「老人突然改變以往的常規，不是個好兆頭，你們要密切注意，把後事準備準備吧。」可和父親那副憔悴的面容相比，媽媽顯得亢奮，不像要衰竭的模樣。終於二〇〇六年九月一日凌晨，妹妹在電話中急促地催我：「你快下山，咱媽她不行了。」等趕回家，母親已穿好老衣，十分安詳地躺在床上，如生前面容一模一樣。父親已被挪到門口的小屋中。大姐趕回，接走了父親。喪事由我與妹妹來料理。臨出門，幫辦喪事的工作人員說：「讓老先生再看一眼老太太吧。」父親逕自邁出大門，搖搖手，頭也不回地說：「不看了，我也活不了幾天了！」那一刻覺得父親真有點薄情，可想想這一年多，老太太把他收拾得也夠可以的了。

母親走後，父親反而精神了許多，能吃能睡，人也胖了，恢復了以往的狀態。可恨的是，他見人就要訴說我媽怎樣折騰他，罵了他些什麼，讓我們正處於喪母悲痛中的女兒實在受不了啦。一天，等客人剛出門，姐妹仨同時衝進臥室立在父親的床頭，聲淚俱下地痛斥起老爹來：「你有完沒完？我媽她死了！她伺候了你六十八年，就這最後一年，她病了，她老年癡呆了，你就不能擔待擔待？她糊塗了，你也糊塗了？你怎麼就不念她的好呢？你咋這麼沒良心啊！」父親還從未經過三個女兒高度一致地痛斥，也有點緊張，緩過神來：「既然你們都說我錯了，那就是我錯了，我再不數落你媽了！」這是第一次聽見父親說「我錯了」。

但沒過幾天，我發現是我們錯了。父親從此就像癱了似的徹底垮了，終日沉浸在對亡妻的思念中，唸唸叨叨、自言自語的全是他們這一生相依相扶的往事，說到淒涼處，打著哭腔，讓人覺得十分慘然。這時我才頓悟，老太太不傻，她已感到自己的生命已臨盡頭，怎麼讓這個不會自理的老伴能繼續活下去，別讓他依賴自己，離不開自己，於是開始訓練他自己倒茶，自己擰毛巾，自己服藥，同時折騰得他恨她、不想她，這樣他才能往前看，繼續活下去。我們把媽媽編織了一年多的網給捅破了，爸爸清醒了，明白了，可生命也走到了盡頭。他僅僅比他叫了一輩子的「老大姐」多活了一年零三個月。

母親是一位知識分子，國學底子並不薄，長年沉重的家庭負擔、五類分子家屬的身份，使她淪為一個家庭婦女。但她從未放棄讀書、看報，和父親交流探討對國內外重大事件、學界風向的研究。每當父親有了寫作的念頭，第一個交流的對象是母親。用父親的話講：「只有嘴巴講清楚了，筆下才能寫得明白。」我們經常可以聽見從父母臥室傳出的高談闊論，往往長達深更半夜，有時延至凌晨，爭執不下時，會吵得不亦樂乎。在學術探討上，媽媽可是寸土不讓，據理力爭。天亮了，父親還可繼續蒙頭呼呼大睡，媽媽可要早早爬起照應一大家子的吃喝。等父親覺得腹稿已成熟，一掀被子，爬起來伏案疾書。父親的文章幾乎全部是一氣呵成，少有更動。原稿就像手抄稿那樣乾淨整齊。此時我們若是回家，一進門就被母親推進門口的小屋：「待在這，別出聲！你爸他正在寫文章。」文章寫畢，媽媽是第一個讀者，她總用欣賞的表情認真地看著，偶爾也會挑出一點小瑕疵，有時也會流露出得意的神情，指著其中的一段：「你這可是偷了我的觀點。」所以說，父親的六本文集，媽媽是實際上的合作者。

母親在古稀之年，萌發了寫回憶錄的念頭。於是，藉父親休息、兒女不在的時間，叨空撰寫她的回憶錄——《回首憶當年》。她沒有大段時間用來思考、記錄，也沒有可以交流、暢談的對象。父親一門心思於自己的教書、著述，雖從未限制過媽媽，但也沒有大力支持。他已經習慣於母親做他的助手，卻從來不屑於給別人敲邊鼓，其中也包括了他最親最近的老伴。兒女們也各有

5 作者與母親最後的合影。攝於 2005 年，母親已九十二歲。

各的工作，沒有一個熱衷於媽媽的寫作，全家人只當她是一種個人消遣。她扶持了一家人，可在她寫回憶錄時，卻顯得是那般艱辛和孤獨。媽媽畢竟是一個執著的、堅韌的女性。她無怨無悔地以漫長的歲月、片段的記憶，堅持獨自完成了她的自傳體記錄。在母親八十壽辰時，為了慶壽，家中自費為她刊印了幾百本小冊子，父親為她寫了篇千字文的序，每個子女分了五六十本，大多束之高閣，少有拜讀，無人問津。一直到父親也去世了，由父親的研究生秦暉和北大教授李零牽頭、弟弟整理，才將二老的回憶錄合集正式出版，在學界得到了好評，也讓人們瞭解了永遠在幕後，無怨無悔支撐著一個學者的個人奮鬥、其實水平並不次的堅韌女性——高昭一先生的形象。

一直到父母逝後，我也閒居在家，開始慢慢記錄我的一生時，才認真拜讀了父母的回憶錄。掩卷沉思，當年母親寫回憶錄時的條件是那麼嘈雜、惡劣。她根本沒有屬於她的一塊寧靜之地、一張固定的書案，也沒人和她交流、回憶她的人生；她為一家人奉獻了一生的心血、全部的精力，我們卻忽略了母親自身需要表白的精神需求。面對母親的遺容，我們愧對這位給了我們生命、養育我們成長，並指導我們走上傳統文化道路的平凡而偉大的母親，我好悔！

耄耋之年的母親，床頭懸著一幅她指定父親為她手書的條幅，這是我看到的唯一一次母親向父親公然示愛的舉止。那是晚清著名三才子之一張船山夫人林佩環的一首詩，其云：

愛君筆底有煙霞，自拔金釵付酒家。
修到人間才子婦，不辭清瘦似梅花。

平凡的母親

秦博瑞

母親生於民國之初，和彼時絕大多數女性一樣，沒有自己的名字。嫁於父親之後，以秦王氏稱之。開明的父親認為人當有名，後來便為母親取名王惠蘭。一九一五年母親生於安丘縣高崖街（今屬昌樂），一九六二年病逝於濰坊，享年僅四十七歲。英年早逝，家人悲痛不已。今年適逢母親一百週年冥誕，遠逝的音容笑貌重又縈繞在兒女們心間。

母親一生育有二子三女，二十一歲時頭胎生我，因逾期多日才分娩，母親備受拖累。不久，父親便去博山投奔本族兄長、民族企業家秦魯豐先生，在他開辦的「魯興」煤礦，當了一名雜支房「先生」（即今之會計）。母親便抱著幼小的我，住到了姥姥家。恰在這時，我生了極嚴重的「鵝口瘡」，[1]多日不能吃奶，日見瘦弱，奄奄一息。嬸子大娘們看著我沒有希望了，便勸母親把我放棄了吧，母親聞聽此言邊流淚邊把我緊緊抱在懷裡，表示決不放棄，到處求爺爺告奶奶請人家「拿死馬當活馬醫」。「母愛所至，金石為開」，後來找到一位民間中醫用偏方治好了我的病，從死亡線上把我拉了回來！

一年夏天，母親抱著我在田間幫著舅舅看西瓜，突然黑雲密佈下起了瓢潑大雨，霎時間上游的

1 母親和兒時的作者

洪水洶湧而至，原本就不甚堅固的瓜屋子一下子被捲進了漩渦，漫腰深的大水沖得人無法站立。母親一手死死地把我攬在懷裡，生怕有半點閃失，一手拽著舅舅在一片汪洋中掙扎。雨後看到滿坡沖爛的瓜秧和遍地即將成熟的西瓜，兄妹二人抱頭痛哭一場。母親低頭看著懷中的我安然無恙，立即轉悲為喜。在我兩週歲時，母親帶我去博山找父親。靠父親低微的收入，生活難以為繼，母親便幫人縫縫補補，洗洗涮涮，掙幾個零錢補貼家用，一九四三年夏天，父親回老家向博山販運木材（彼時家鄉盛產松柏，木材資源豐富），一段時間沒有在家，駐博山的日本憲兵隊誣陷他有「八路嫌疑」，夜間到我家搜捕，母親聞訊嚇得跳牆躲藏，跌落在趙姓鄰居院內，腳踝骨折，一躺就是半年多動彈不得。加之我姥姥在家鄉高崖，因抗拒日本鬼子搶奪她養的老母雞和辣疙瘩鹹菜，被打得頭破血流。從此母親對日本鬼子殘害中國人的罪惡行徑，更是恨之入骨。一九四五年春，全家遷居濰縣，父親在其族侄開的生油代理店裡幫忙。此時大妹已經兩歲，第二年又添了二妹，一家五口，日子過得有些拮据。家裡全部針線由母親一人承擔，衣服、鞋子大都是她挑燈熬夜做的。特別是她自己在腿上搓麻線，納鞋底，做布鞋，既合腳又結實，一雙能頂買的兩三雙穿。

一九四七年，時為高崖街一村村長的大舅王玉堂，在轉移過程中被還鄉團分子殺害。母親得知後，雖悲痛萬分，卻深明大義，表現得異常鎮定，她知道一奶同胞的兄長是為了貧苦老少爺們的解放而犧牲的，死得光榮，死得其所。濰縣解放前，家裡的日子越發不好過了，母親便帶著我們到城外挖野菜充飢。解放後父母幹起了餐飲業，日子逐漸好了起來，並相繼添了三妹和弟弟，一家七口，其樂融融。正當生活越來越好的時候，母親卻罹患上了宮頸癌。當她得知自己患的是

「不治之症」時，十分坦然。後期雖經常疼徹肺腑，但始終表現鎮定，不讓兒女們為她難過。雖經中西醫多方治療，最終也未能挽救母親的生命。

母親的一生雖然平凡而短暫，但她遺留給我們的精神財富，卻能代代相傳。母親沒進過一天「學屋」門，但卻熟諳許多民間流傳的「治家格言」，知事達理，甚至能「出口成章」。經常運用一些富有哲理的俚語，教育我們怎樣為人處事。在教育我們怎樣做人時說，「從小看看，長大一般」，「一歲不成驢，到老是驢駒」，要我們從小學好，長大成為對社會有用的人；在講怎樣處事待人時說，要「人敬我一尺，我敬人一丈」，教我們互敬互愛並倍加敬重別人；在教導我們怎樣居家過日子時說，「勤緊（勤勞節簡之意）、勤緊，吃飯拿準。懶惰、懶惰，必定挨餓！」

母親的諄諄教誨，代代相傳，我們子子孫孫受益匪淺。謹以此拙文，表達對母親百年冥誕的紀念。

註釋

❶「鵝口瘡」，又稱口腔念珠菌病，由白色念珠菌引起的口腔黏膜炎症，新生兒較為常見。

照片裡的母親

徐泓

我的母親韓德常（一九一五年十一月十三日—一九九〇年七月十四日），如果在世，今年是百歲壽辰了（文章寫於二〇一五年——編者註）。

翻開母親留下的老相冊：厚重、滄桑、斑駁的歷史碎片，在褪色的黑白影像中，流溢出另一個時代的風情。這些影像對我固然陌生，但可能由於血脈相連的緣故，又有似曾相識的溫暖。

老話說，「七坐八爬」，講的是小兒七個月會坐，八個月會爬。高背椅上，母親坐姿自如，神色安靜，顯然年齡在七個月以上了。掐指算算，這張照片（圖1）至少有九十九年的歷史了。

經推證，這家照相館叫「鑄新」，位於「北京琉璃廠中間海王村公園內」，離母親的家北京南城祖宅椿樹胡同十四號（後來的南柳巷二十五號）不遠。

母親的親媽叫王敏，身體不好，生孩子多，大多夭折了，只剩下兄妹兩人：母親和我的大舅韓德章。她因肺癆去世時，好像不到三十歲。母親喪母時，還不足三歲。

圖2裡的母親，倚著欄杆，童花頭，小碎花棉袍，端正秀氣的面容，已初露「美人坯子」。右側坐著她的父親，長袍馬褂，瓜皮帽，棉鞋。這應該還是「鑄新」的作品。民國初年的照相館

1 （左）母親韓德常童年標準照

2 （右）韓德常與她的父親韓振華

都佈置的像話劇舞台：有精緻的風景陪襯，還有小圍欄的實景搭配。

這張父女合影，母親一直珍藏在照相簿最重要的位置上。那時外公應在中國銀行大連分行經理任上，常年不在北京。大約惦記這個沒娘的女兒，留了這個念想。

母親的家族顯赫，她出身於「天津八大家」。

據史料記載，自清朝咸豐元年（一八五一年）起，天津城裡就有「八大家」之說，而排名第一的「東門外韓家」，又稱「天成號韓家」，靠海運業發跡。

到了二十世紀初，韓家離開天津落戶北京，買下了北京南城西琉璃廠盡頭南柳巷的一處大宅院，共有一百零一間房。解放後實行「經租」時，租給中華書局大部分。自留房還有二十八間半，正、偏兩套小院。冬天正院各房要生十個大爐子取暖。

這張在祖宅大門前的留影（圖3），證實著後輩的回憶：「老宅門向東開。門前兩旁有門墩、上馬石。高門檻，兩扇大門。」照片裡看不到的：「進去是門廳。兩旁有長兩米左右的『懶凳』（凳身較矮，凳面用見方的整木做成）。門廳的西面上方懸有『五世同堂』的匾。」

小小的母親，居於照片的正中位置，墊著一個棉墊，坐在高門檻上，顯然被金貴地呵護著。她一手扶著門墩，與眾人看鏡頭略有不同，她面龐微微向右，一副端莊恬靜的小模樣兒。

外公在她的左邊筆挺站立，衣著與上幅照片略有不同，還是長袍馬褂，中式裝扮，但頭上換了禮帽，足下換了皮鞋，已經西風漸進。

照片中左著一身童子軍制服的是大舅韓德章（一九〇五—一九八八），他比母親年長十歲。

3 母親與家人在北京的祖宅前留影。左起：母親的大哥韓德章、母親的父親韓振華、母親、母親的四姑韓升華、母親的表哥李宏年。

聽老一輩的人回憶，這位韓家長子，聰穎過人，博學多才，懂英語、法語、西班牙語，尤其精通世界語；還懂音律，會吹笛子，能唱崑曲。

母親在她爺爺韓渤鵬（耀曾）和奶奶卞氏身邊長大。

爺爺韓渤鵬，清季維新時，曾任警察道；北洋政府時，為國務院秘書上行走。

值得一說的還是奶奶卞氏，有的稱她為卞家老太太，有的稱她為韓大奶奶。總之是南柳巷二十五號大宅門裡的當家人。

母親的奶奶也出自天津八大家，不過是新八大家。咸豐年間口訣中的八大家，後來有的逐漸敗落，新的豪富又不斷生成，於是崛起的家族取代了衰落的家族。新八大家榜單裡就有了李善人家、益德王家、鄉祠卞家、高台階華家。

卞氏就是鄉祠卞家、也稱為「隆順榕卞家」的女兒。母親的爺爺還有一位姐妹嫁到了卞家。天津八大家之間講究互相聯姻，可以從各家多對婚姻裡考證。

照片（圖4）中奶奶卞氏面容清癯，深眼窩，高鼻樑。瘦高身材，比爺爺高出半個頭。豆蔻年華的母親，剛及奶奶的肩下。

韓家陰盛陽衰。卞家老太太生了兩個兒子，但小兒子夭折，只剩下外公獨苗一個；生了五個女兒，個個如花似玉。也就是說母親有五個姑姑。

每臨大事有靜氣。家裡家外，但凡有事，任爺爺怎麼說，奶奶坐在炕上，紋絲不動。等爺爺發過火了，她才開口，說一句是一句。

4 母親的表姐李惠年、母親的爺爺韓渤鵬、母親的奶奶卞氏、母親韓德常（自左至右），四個孩子為母親的四姑韓升華子女。

眾人皆佩服卞家老太太思想開通。她先解放了女兒們的腳，除了大姑以外，其他姑姑都沒有裹腳，都是天足。她還鼓勵女兒們讀書，從五六歲開始就送她們進嚴氏女塾，以後上了專科、大學。女子留洋讀書，這在當年是很容易遭非議的事。但卞家老太太一錘定音，讓六姑、七姑去了美國留學。

在女兒們的婚事上，她也頗有眼光，三位姑姑都嫁給了當年的「海歸」，四姑的丈夫是英國留學歸來的傅銅，曾任西北大學校長；五姑的丈夫是美國留學歸來的梅貽琦，當了十三年清華大學校長；六姑的丈夫是美國留學歸來的酈壽坤，新中國成立以後，當過北京礦業學院副院長。

母親的爺爺一九三五年去世，奶奶一九四二年去世。卞家老太太的喪禮風光備至，院子裡外搭棚，幾步一帳幔。喪禮之後，沒用完的成卷藍布和白布，韓宅做被面、被裡，用了好多年。

母親的五個姑姑分別為：大姑韓俊華（一八七八—一九七五），號長文；四姑韓升華（一八九一—一九六九），號憶文；五姑韓詠華（一八九三—一九九四），號愛文；六姑韓恂華（一八九九—一九六六），號佩文；七姑韓權華（一九〇三—一九八五），號筱文。

她們曾經被周恩來總理稱為「韓家姐妹」。周總理夫人鄧穎超大姐，更是與韓家五姐妹中的三位相熟，和其中的一位在「覺悟社」還有戰友之誼。

母親從小聽這些姑姑們說話，耳濡目染，乃至後來老人們稱讚她「很會講話，禮數周到」。

母親與比她年長一輪的七姑感情最好。在七姑的影響下，她從小學鋼琴；生平第一次上台演出，就是在七姑的琵琶演奏會上。這張照片（圖5）中的七姑還在北師大上學，不足二十歲，她

5 母親（前排右一）與她的七姑韓權華（後排右一）及表姐李惠年（後排左一）等人合影。

手攬著母親，母親伸出手拉著七姑，一臉盈盈笑意。

和七姑韓權華並肩而立的是母親的表姐、大姑韓俊華的女兒李惠年（一九〇七—二〇〇七）。她也是在韓家大宅門裡長大的。因為她的母親韓俊華結婚後，沒有離開娘家，一直住在偏院。李惠年在北京女子文理學院上學時，和在這裡教音樂的七姑，都以貌美而出眾。當然七姑風頭更盛：韓老師走過來，見她身材高挑，頭髮漆黑，皮膚白皙，學生們頻頻回頭。

我的外婆（母親的後媽）高珍曾說：七姑長得特漂亮，那真是美人。你說美吧，也不是什麼雙眼皮、大眼睛，就是特別秀氣，那種秀氣真是「山川清秀」。

據說，當時北平報紙上用八個字形容韓權華：「長身玉立，洒然出塵。」

姑侄兩人後來都出國研習音樂，李惠年去了法國學聲樂，韓權華去了美國專攻音樂史。姑侄兩人的命運再度交叉，是在一九四六年以後了。當時七姑嫁給了國軍高級將領衛立煌，李惠年嫁給了留法左派學生領袖、科學家汪德昭。通過汪德昭的輾轉努力，衛立煌與周恩來恢復了聯繫。在東北戰場上，衛立煌從始至終採取了按兵不動的原則，藉機造成了戰局有利於東北人民解放軍的態勢。

當然，這都是後話了。

潤物細無聲。少年時代的母親，有這樣兩位氣質不凡、思想開明的知識女性呵護，是有福氣的。

母親的中學學業應該是在京師公立第一女子中學完成的。這所學校創建於一九一三年，

6 母親與她的閨蜜合影。自左至右：夏承瑜、邵乃偲、母親、方秀卿。

一九二六年經在該校任教的李大釗爭取，從北洋政府手中爭得前清內務府會計司南花園舊址做校址。一九三一年改名為北平市立第一女子中學。

在學校裡，母親有了三個閨蜜（圖6）。

一是夏承瑜。她的父親夏枝巢是現代著名詩詞家，在九個子女中，夏承瑜居末，暱稱「小九妹」。夏家在宣武門外永光寺街置了一處房產，屋舍眾多，院子裡花木扶疏，有許多馬纓花、白丁香，還有和南柳巷韓宅院子裡同樣的葡萄架、籐蘿架。此宅離南柳巷不遠，所以兩家老輩勤於走動，小輩更是互相串門。

母親和夏承瑜的閨蜜之情，一直延續到大學。一九三六年她倆一起考取了上海國立音樂專科學校，母親主修鋼琴，夏承瑜主修聲樂。一九三七年抗戰爆發，上海淪陷。外公不放心母親孤身在外，將她轉學至北平的燕京大學音樂系。一九三九年夏承瑜嫁給了上海音專的學長、主修鋼琴的張雋偉，安家落戶在上海。

二是邵乃偲。南柳巷是一條南北走向的小巷子，不長，窄窄的。從韓宅出來向南走，百餘步，東拐就到了魏染胡同。這條胡同以其三十號而出名：一棟灰色的兩層小樓，樓門上方中央鐫刻著「京報館」三個大字，是《京報》創始人邵飄萍的手筆，這裡也是他的住宅。邵飄萍與第一任夫人沈小仍育有二子三女，邵乃偲正是邵飄萍的次女。

她是母親在北平市立第一女中的同學，後來嫁給了陳傳熙。陳傳熙也是母親上海音專的同學，當年他主修鋼琴，後來才做了指揮。邵乃偲與陳傳熙的姻緣，想來和母親、夏承瑜有關，是否閨蜜牽的紅線？

三是方秀卿。她的父親方宗鰲，廣東普寧人。留學日本，回國之後在各大學教書，擔任中國大學教務長十多年，後來從了政。她的母親是日本人，定居中國多年，已經能說滿口流利的北京話，還寫得一手好字。

方公館位於宣武門外方壺齋五號，一個窄胡同的盡端，就此一家。院子裡也是花木扶疏，僅第一進院子中的一株白丁香，據說春日花發之時，全院便化作了「香雪海」。

方家和韓家有點親戚關係。母親的嫂嫂方詩雲，也來自廣東普寧。方秀卿叫她「四姐」。方秀卿也是學音樂的，大約一九三四年她從北京女子文理學院音樂系肄業，又到日本東京音樂學院深造。

據此估算，照片裡白衣黑裙的四個女學生，姿態各異，坐在枝葉繁茂的花樹下合影，應在一九三四年以前。儘管年代久遠，但青春的氣息，力透紙背，撲面而來。

在我的記憶中，母親原有三四本私人相冊，開本大小不一，封面裝飾素潔，按照童年、少年、青年排列。對我吸引力最大的，是母親青年時期的照片，看過一次，就忍不住想再看。

小時候的我，常常要求看「媽媽的照相本」。母親從櫃子深處小心取出來，放到我伸出的雙手上。埋頭翻看，情不自禁，我口裡會不斷吐出驚艷之下的各種語氣詞：啊、哇、呦、嘖嘖、哎呀！

母親離家南下，去上海國立音樂專科學校上學時，這所學校才遷入新居不久。

新校舍一九三五年建成。主體樓為三層磚混結構，主立面採用對稱構圖，建築外牆為清水紅磚牆面，牆腳粉水泥假石，屋面鋪青色瓦片。立面窗洞，除兩端頭二層的半圓拱窗外，其餘沒有拱窗。主樓西翼是兩排琴房，琴房中間是一大片綠草如茵的廣場。

母親主修鋼琴。她說過，是流亡的白俄老師教她。查了一下資料，果然，一九二九年，俄羅斯裔世界著名鋼琴家查哈羅夫正旅居上海。國立音專校長蕭友梅用比普通教授高一倍的月薪聘請他執教。查哈羅夫直到一九四二年病逝，再也沒有回過他的祖國（當時的蘇聯），但在異鄉帶出了一批優秀的中國弟子。

除了鋼琴教育，上海音專的聲樂教育也很有名，教授的是經典美聲唱法，據說也以白俄教師為主。母親的閨蜜夏承瑜主修花腔女高音。

抗日戰爭爆發，上海淪陷。母親轉學回北平，就讀於燕京大學音樂系。周小燕一九三八年則赴法國留學。上海音專處於艱難境地，四次搬家，並曾一度化整為零，分散在三個地方堅持辦學。最後遷至租界，對外改稱私立上海音樂院。

上海這段求學生涯，母親留下的照片中沒有一張，所以只能選擇她和夏承瑜大約同時期的一張合照（圖7），她們不是在上海，而是在北平家中。推測她們是回家過暑假時照的，那時戰火尚未燃起。

燕京大學是司徒雷登先生一手創辦的。一九二九年這所學校正式在中國立案，遵照中國政府的章程分設了文、理、法三學院，在文學院中正式設立了音樂系。

7 抗戰前夕，母親（左）與後來同入上海音專的閨蜜夏承瑜攝於北平家中。

我查到了有關母親在燕京大學的一份節目單：一九三九年五月八日晚八點在貝公樓禮堂舉行的音樂會上，母親演奏了布拉姆斯的《G小調狂想曲》。彈這首曲子是有一定技術難度的。燕大音樂系對學生的基本功要求嚴格，同時要求把握多種類型的曲目，包括從巴洛克到浪漫主義晚期代表作曲家的作品。

母親的這張畢業照（圖8），也是從親戚那裡找到的。

照片上母親的字跡清晰可見：「彤存　小姐姐　一九四〇」。彤是梅祖彤，母親的表妹，梅貽琦和韓詠華的二女兒。

一九五二年全國高校院系調整，燕京大學被撤銷，音樂系併入了中央音樂學院。

我的父親徐獻瑜（一九一〇—二〇一〇）和母親大約相識於一九三九年底，據說初次見面就在南柳巷二十五號。那時父親從美國留學回來不久，受人之託，要把一份東西轉交給韓家。

父親一九三六年到一九三八年在美國聖路易斯華盛頓大學攻讀博士學位，這所學校裡曾經還有一位中國留學生，正是母親的表哥李宏年，大姑媽韓俊華的長子。一九三九年八月回國時，父親帶回了李宏年的遺物，第一次邁進了韓宅的高門檻，認識了韓家的大小姐。

一九四〇年，湖光塔影的燕園，父親與母親開始相戀。應該是父親追母親。當時父親已經在燕京大學數學系任教，母親正在準備畢業音樂會。父親的學生李歐後來在回憶文章中說，他們提著糨糊桶，到處賣力地給徐先生的女朋友韓德常的音樂會刷海報，而這海報是他們自己設計、義務做的。

8 1940年，母親燕京大學音樂系畢業照。

9 父母 1944 年結婚照

一九四一年十二月太平洋戰爭爆發，燕京大學被迫關門。父親先後到中國大學、北平輔仁大學任教，那時母親也在慕貞女子中學教音樂。

父親母親一九四四年結婚，舉行的是西式婚禮。我記得小時候翻看相冊，光這場婚禮就拍了許多照片，各種角度的、各個場面的、各位來賓的。當時我最愛看的是婚禮上的兩個小花童。但這些照片母親都沒有保留，只有這張在照相館拍攝的標準照（圖9），嵌在一個精緻的鏡框裡，一直掛在父母臥室的牆上。

據說，這張照片寄到父親上海的家中，引起我奶奶的不安：新娘是漂亮，但個子怎麼這樣高啊？因為父親身高超過一米八，這張照片中母親只比他矮半個頭。父親告訴她，新娘腳下墊高了。奶奶方才釋懷。

母親年輕時

馬金琥

我的母親於二〇〇〇年元月三十日突發腦溢血去世。她走完了八十六年的人生旅程，已經十分勞累。願母親安息。

我們姐弟三人是在整理她老人家的遺物時發現這張照片的。照片上，幼小的姐姐牽著母親的手，母親的面容端莊而秀麗。如果以姐姐兩三歲的年齡推算，母親當時的年齡應是二十六歲。那是一九四一年的秋天，距現在（二〇〇一年）已整整六十年，從辛巳年再回到辛巳年，天干地支一個輪迴啊！無情的歲月把當年的小女孩變成了六十三歲的老人。

恍惚中，我彷彿看到照片中的母親又活現起來。她領著姐姐在院子裡玩耍，在堂屋裡教姐姐認字畫畫。母親是太原人氏，回到晉南丈夫的故鄉，生活很不習慣。飲食上倒也罷了，上頓接下頓盡是粗麵饅頭，很少能吃到晉中人愛吃的麵條。尤其是生火做飯和缺水著實讓母親犯愁，每次做飯都得生火，手拉風箱連著大鐵鍋，用棉花枝子做燃料，鍋裡的水還沒開，屋裡已經是煙霧瀰漫什麼也看不清了。用水就更是困難。那時吃水全靠井水，而水井卻很少且很深，據說村裡的水井一般有二十多丈深，安在水井上的轆轤使兩個水桶一個下去另一個上來，打一桶水費多大勁可

1 母親與姐姐

想而知。這樣的活兒母親幹不了，只好求別的男人幫忙。

母親就這樣含辛茹苦地操持著家務，在村裡度過了五六年的時光。父親是個讀書人，一九三七年日寇侵佔太原前與母親結婚。不久即返回故里稷山縣塢堆村。照片中的房屋就是父親在原籍的老屋。不知這房子和院落現在怎樣了？十有八九不存在了吧？抗戰勝利前夕，父親攜妻女回到了太原，一九四六年生下我，一九五〇年又生下妹妹。一九五四年，父親撇下我們孤兒寡母四人西去。

母親性急，幹活麻利又吃苦耐勞，還能讀寫、會算賬，人又精明。解放初期找一份白領工作並不難，但她為了照顧幼小的我們，一直未參加工作，她把自己禁錮在一個小圈子裡幾十年，甚至是一生。

光陰荏苒，一晃就是六十年。看著母親的這張老照片，我心中默念著：母親啊！你永遠年輕美麗。

母子情

文雅賢

這幀照片拍攝於一九四一年，背景是山西省汾陽縣大南關村❶一普通民居，是我外祖母家的一座四合院。

照片中央是我的母親，身穿旗袍，腳登革履，時年二十三歲。懷中抱著剛滿兩週歲的我。身後是磚木結構的窯洞，兩邊分別是南北廂房。在窯洞的木門框上，有用白粉筆書寫的「十人」字樣，這是日軍入侵村子後，住進該院落時標注的日軍人數。世事滄桑，如今母親已於一九九九年辭世，享年八十一歲。懷抱中的我也已年逾花甲。

母親出生在一個比較富裕的家庭，外祖父年輕時曾在國外經商，後中年去世，家道中落。母親出嫁時正值日寇侵華，過著清貧的日子，直到我出生後，母親的臉上才掛起了笑容。

母親受過小學文化教育，喜歡繪畫和刺繡，兒時我穿的衣服上常有她親手繡的各種花卉。記得她曾有本厚厚的洋書，裡面夾滿了各種花鳥圖案和剪紙，印象最深的就是在第一頁上貼有一隻活靈活現的小麻雀，數十年過去了，對這隻小麻雀我仍記憶猶新。

母親會繡花是出了名的。村裡誰家有喜事，娶媳婦嫁閨女，常常請我母親幫忙做繡花鞋，她

1 母親懷抱兩週歲的作者

總是有求必應。每當她用白粉在鞋面上打底樣時，我就守在旁邊靜靜地看著。日久天長，耳濡目染，我也對畫畫有了興趣。在母親的薰陶下，我學會了畫各種小動物。

母親是一位勤勞、善良、正直、剛強的女性。左鄰右舍皆稱讚她精明強幹。在我和弟妹們的心目中，母親就是頭頂的一片藍天，身邊的一棵大樹，在家庭中享有絕對權威。

我的童年有苦有樂。戰亂年代，經常跟隨母親在一片驚恐中躲避日寇的空襲。國民黨時期，一家人提心吊膽藏在柴草堆中，逃繳苛捐雜稅。

那時，從我家到外祖母家的巷口，相隔不過百米。晚飯後母親常帶著我去外祖母家聊天閒坐，等到月亮升起的時候，我們才起身回家。

鄉村的夜晚分外寧靜，空氣清新，路上行人很少，銀輝灑滿大地。我跟隨在母親身後，自由自在地走著。抬頭望去才發現我走得快，月亮也移得快，我走得慢，月亮也移得慢，我站住了，月亮也不動了，我飛跑起來，月亮也緊緊跟上。兒時的這種感覺奇妙極了。母親看著我在月光下跑來跑去的身影，心中充滿愛憐。

那時的鄉村沒有電燈，晚上油燈也很少點，月光照進屋裡，感覺亮堂堂的。這時母親就會坐在炕沿上，把我摟在懷中，輕聲唱起：「雲兒飄，星兒搖搖，海停息了風潮……」母與子共同陶醉在輕柔的歌聲中了。

母親共生過五個孩子，我是長子，濃濃的母愛就像春陽一樣溫暖著我們兄弟姐妹的心。但母親對我們的教育卻是很嚴的。她有一把從外祖父那裡繼承下來的「戒尺」，無論在學習上還是品德上，誰不長進，誰不聽話，那就免不了要挨打。我們理解母親的用心，隨著年齡的增長，更加尊敬她，愛戴她。

由於父親在外地工作，母親就成了家中的擎天柱，生活的重擔全壓在她一人身上。操持家務、侍奉婆婆、教育子女、種自留地，裡裡外外一天到晚忙個不停。年復一年，全家人春夏秋冬四季的服裝，全靠母親縫製。每逢過年，她總會想方設法，修修改改，給孩子們每人做件新衣服，把兒女們打扮得乾乾淨淨，整整齊齊。母親常說：「如果你們穿得破破爛爛，邋裡邋遢，人家笑話的是我！」

最讓母親發愁的是兒女們的學費。記得我上初中時，為了繳三角錢的學雜費，母親託人將家中飼養的一隻蘆花大公雞賣到縣城的飯館裡，僅賣了四角五分錢。

母親非常重視對子女的教育。她說：「三歲看大，七歲看老，不怕人窮、就怕志短。」告誡我們從小就要有志氣，要自尊自強。她最看不起窩窩囊囊立不起來的人。她說：「我就是要飯，也要供你上大學！」

後來，當我真接到大學錄取通知書時，母親的興奮喜悅似乎超過了我本人。

新中國成立後，憑母親的文化和能力完全可以在縣城裡找一份工作，但為了照顧幼小的兒女，直到一九五八年，她才到公社幼兒園工作。這一年她剛滿四十歲。在去縣城學習培訓的日子裡，母親每晚在燈下認真朗讀漢語拼音的專注神態，令我這個當時的高三學生感動了好一陣子。

我十九歲離開故鄉汾陽到天津求學，從此離開了慈愛的母親。初進校園，常常一個人坐在湖邊的長凳上思念母親。三年困難期間，物資極度匱乏，我無法想像母親帶著弟妹們如何度過這苦難的年月。

大學畢業了，我唯一的想法就是服從分配，盡快工作，從經濟上幫助母親。第一年的見習工資僅為四十六元，我堅持每月給母親寄三十元。第二年轉正，工資增為五十六元，仍每月寄家三十元。直到六年後，我三十歲成家時因負擔加重而有所減少。十年浩劫中，工資不長一分錢，使我增加母親生活費的願望成為泡影。

我很想把母親接到身邊，可住房窄小，經濟窘困，怕老人受委屈。

直到八十年代中期，單位終於分給我一套住房，兩居室。雖說一樓光線暗淡，但總算有了兩間屋子。我帶著兒子趕緊回老家把爺爺奶奶接來。起初父母說什麼也不願來，怕給我添麻煩。經再三勸說總算來了。但母親始終不習慣，說城市裡的自來水總有股味道，不如鄉下的井水甘甜。左鄰右舍也很陌生，我們上班後也無人陪伴老人。就這樣，四個月之後，終因思念家中的弟妹，掛念那個清貧而難捨的家，執意要回去。後來又來過一次，也是住了三四個月。再後來年齡大了，又暈車，就不敢走動了。

記得母親五十多歲的時候，在一次和我閒談中，說在和父親成婚的那天夜裡，她做了一個夢，夢見火紅的太陽緩緩升到天上，後來變成了兩個小太陽又慢慢落到地上，這預兆著有一天她會跟隨父親一起離開人世。晚年她又重複過這段話。後來，父親因病去世後不到兩個月，母親也與世長辭，享年八十一歲。這使我想起了母親早年描述的夢中情景。

註釋

❶「大南關村」，疑為「南關村」。

愛讀書的母親

啟武　啟智

作家劉心武說過：倘是一張年代稍遠的照片，於仔細端詳中，便不禁會發現上面總隱現出兩個驚心動魄的角色，一個叫歷史，一個叫命運，於是在照片表面所呈現的單調中，也便瀰散出了難以言喻的豐饒……

母親孫瑾芳字惠孺，一九一九年農曆六月初五出生於揚州，兄妹三人。她自幼聰慧，記憶力超群。雖然從未進過學堂，但能讀古詩文、能寫書信、打得一手好算盤且研習過拉丁文。母親曾說，學問學問，既要好學，還要好問。她的學識便是靠問出來的。我的舅公公學識淵博，母親的聰慧很受他的喜愛，是母親的啟蒙老師。舅公公有抽大煙的陋習，有時候，母親帶著不懂的文章向他求教，而他恰恰又犯了煙癮，不理不睬。母親只有等他抽完大煙才能恭恭敬敬地趨前求教，識了點字便去讀書，不識的地方再去求教。不久就能讀「三字經」「千字文」了。看到現在的孩子一個個戴著眼鏡，母親納悶，說：我十幾歲時候躲在粗布蚊帳裡看線裝書，都是木版印刷的蠅頭小楷，一天看到晚，也沒近視。

一九三〇年前後，徐州礦業漸成規模，礦井主要分佈在徐州遠郊的柳泉、賈汪一帶。經同鄉介紹，我外公帶著舅舅到賈汪煤礦謀生，在礦上土木工程科當技術員，全家隨後遷到賈汪。與礦煤技師譚煥達夫婦為鄰。譚煥達，湖南長沙人氏，其夫人黃鏡吾畢業於湖南省立第一女子師範學校。夫婦倆知書達理、為人寬厚、豁達。同是外鄉人，兩家相處甚睦。一九三五年譚煤師的妹妹譚惕吾到賈汪探親，譚惕吾曾參加過一九一九年的湖南學生運動，是湖南學生會的負責人之一（一九四五年任國民政府立法院委員）。她見我母親聰明伶俐且有文化，很喜歡她。於是託其嫂找到我外公、外婆，要介紹我母親到南京托兒所做保育員。因為對譚技師信得過，外公很爽快地同意了。母親時年十六週歲。

母親所供職的南京第一托兒所由當時的南京婦女文化促進會創辦，發起人為曹孟君、譚惕吾等。設在南京市大樹根八十號，位於現在的丁家橋東、玄武湖附近。晚年時的母親多次繪聲繪色地向我們講述那兩年間她的所見所聞，托兒所的孩子們一顰一笑似乎還在她眼前晃動。無疑那是她生命中最珍貴的一段記憶、最快樂的一段時光。圖1是母親在托兒所教室前的留影，她穿著簡潔而大方。背註「民國二十六年七月十二日於（南）京托兒所」。其餘三張照片（圖2、3、4）是在托兒所的工作照了，從背註上看，攝於民國二十四年（一九三五）的七月至十月。照片是母親寄給她的外婆和母親的，其中圖3的背註是：「頑皮的我們上了樹，哪知被拍了照了，哈哈！中間的孩子多好玩，她沒有母親。」照片是誰拍的，孩子的母親是誰？都不得而知。因托兒所的孩子都是寄宿的，難得有家長來看他們。大約是一九三六年春，母親曾接待過蔣冰之（丁玲），當時母親只知道她是一位作家，是曹孟君、譚惕吾的女友。丁玲的女兒蔣祖慧那時兩歲，也在托

1 （上）母親在托兒所教室前留影

2 （下）母親在托兒所工作時留影

3 （上）母親與托兒所的孩子們合影

4 （下）母親與托兒所的孩子一起合影

兒所寄宿。丁玲說要把女兒送回湖南老家，後來就帶走了。著名教育家陶行知的女兒時年十一二歲，與母親關係很好，也在托兒所寄宿。母親還清晰地記得她帶過的孩子中有一對雙胞胎，名字叫羅念慈、羅念軒。看著這幾張發黃的舊照片，我想，這些在樹旁、草坪上、風琴前嬉戲、學唱、聽故事的孩子如今也應是古稀之年的老人了，不知道他們還記得留著短髮、教他們玩遊戲、做手工的孫老師嗎？

讀書的習慣，母親一直保持到晚年，連我們家附近擺書攤的商販都知道，我們家有個愛看書的老太太。有時家裡開著電視，她仍手不釋卷。二十世紀五十年代，我們還小，記得每到夏天乘涼，還沒吃完晚飯，我們家門口便開始陸續聚人了，小板凳擺了一圈等著母親講故事。巾幗英雄、神怪故事，母親娓娓道來。那都是她十幾歲時讀過的。受母親影響，家裡幾個孩子都愛讀書，父親不在家的時候，吃飯時桌子中間是一盤菜，孩子們面前往往是一碗飯、一本書（父親家規甚嚴，吃飯時是不許看書的）。小時候母親給我們出過許多有趣的謎語，無不朗朗上口。在我們的記憶中，春天總要舉家踏青，重陽更要登山望遠。風和日麗，一家人圍坐在一起，吃著媽媽烙的麵糊餅，分得幾顆爸爸佐酒的花生仁，其樂融融。可惜後來年齡漸長，各奔東西便難得一聚了。七十年代後期，家中經濟狀況轉好，母親想到外面看看的夙願得以實現。六十歲時，她隨小女兒、女婿遊覽了孔府、孔廟和泰山，六十五歲隨小兒子遊覽了北京，古稀之年應三女兒、女婿之邀，兩次遊歷了寶雞、西安。父母最後一次重陽登高是在一九九六年，登上了徐州北郊九里山的白雲寺。

在我們的記憶中，母親的手從來沒閒著過。她的手巧，剪裁衣服、編織毛線、繡枕套等等是拿手好戲，折紙鶴、小船、小狗更是花樣迭出。她的手快，家裡人口多，我們的衣服鞋子都是母親一針一線縫製的。一次姐姐參加國慶遊行，學校要求穿藍褲子，家裡沒有。鄰居看到，母親白天才把一條面口袋洗乾淨，染色晾曬著，第二天一早，姐姐已經穿上新衣服上學校了。

父親病故兩年後的二〇〇二年十二月五日，母親病逝，終年八十四歲。辭世前，瘦弱的母親在病榻上努力地仰首上視，當時我沒有在意，事後整理遺物時我才發現，母親床頭上方，她最後目光注視的地方，懸掛著父母鑽石婚的合影。

父親母親去了，棲身在徐州南郊青山中的翠柏之側。在父母簡樸的墓前，刻著兒女們泣淚寫下的輓聯：

一生辛勞儉樸，惟留書香傳子女；
終身寬厚待人，永留清白在人間。

母親的笑

吳　禾

母親十七歲就做媳婦了。大兒媳攬全家營生，是古老中國的規矩。直到我記事了，母親生氣時，還說：「我進了你們家就沒得過好！」說：「俺媽那麼疼我，怎麼瞎了眼，把我給了你們家！」——好像我們也有責任似的。高興的時候，卻又說：「如今都興自由戀愛，我和你爸也不是自由戀愛，結婚那陣子你爸還是個孩子，可像俺這樣的，打著燈籠能找幾個……」一邊說，一邊用佈滿了皺卻仍明亮的眼睛望著父親，父親微微笑著，不置可否。

父母感情深，四鄰共認。年輕時大概顧不上。年紀大了，父親愛喝點酒，每晚一盅，不多不少。這是母親的大心事。晚飯可以湊合，這一盅酒的酒餚卻不能少了。或用蔥花炒兩個雞蛋，黃綠分明，盛在雪白瓷盤裡。或清蒸一隻肥蟹，通紅的殼，嫩實的肉，調一點醋和薑末；或做一點隨季小菜。酒餚是不讓我們吃的。若讓母親，母親最多也只嘗一筷子，咂咂嘴，像品別人做的菜似的。

母親喜歡看書。解放後母親參加掃盲班，學了一些字。更多的字是父親教她的。母親學了不多字，就看開書了。許多字不識，連猜帶蒙，還是滿有興趣地看下去。看來看去，認字也多了，只是不會寫。母親看書看得慢。《青春之歌》看了半年，《野火春風斗古城》看了將近一年。《紅

1 （右下）約攝於 1938 年，母親有一雙美麗的杏眼。

2 （左上）約攝於 1941 年。母親抱著的是作者大哥，右邊是作者大姐，中間是母親的表姐。

樓夢》《聊齋》這些書，是父親講給她聽的。

晚上，夏天是十點以後，冬天是八點多鐘，全家都上床了。父親母親把頭枕在床幫上，母親伸手在褥子下一摸，就把書拿出來，父親接過書，看幾分鐘，便開始講。他講起來聲不高，像拉家常，又像緩緩流水，沒有起伏，只有曲折。每個彎子拐得都很輕鬆自然，中間沒有間斷。

父親講的時候，母親一聲不出，連煙也忘了抽。講一段，父親問：「好了吧？」母親說：「天還早，再講段。」父親就再講。直到母親說「睡吧」為止。拉滅燈，父親幾乎馬上睡著了，輕輕打著呼嚕。母親卻常常好久睡不著，翻身中間還夾著歎氣——還在為書中人傷心呢。

母親原先在托兒所工作，後來退職做了街道主任。街道主任是特別工種，沒有不管的：從糧證、煤證、油票、布票，到徵兵、計劃生育、就工……什麼事都管。什麼人都管。

天下大雪了。早晨，北風呼號。母親在院裡喊：「都起來掃雪了！他孫大娘！他邵大娘！他洪大娘！他大叔！……」喊著喊著出了院子，又在別院喊起來了。若誰家不起，母親回來一看，就火了：「都起來了，就你們不起？還得一遍一遍叫著？……」

母親常發脾氣，常喊叫，大家習慣了，日久天長，無條件聽從母親的指揮，成了全院的一條規矩。這喊叫聲中，讓人怕的成分少，讓人感覺親切的成分多。母親去世後，有些老輩人說：「聽不到荊主任的聲音，心中老覺空得慌。」母親名叫荊淑范。

母親是爽朗而熱情的。年輕的時候，老家煙台是解放區，母親喜歡扭秧歌，打花鼓。解放青島慶祝遊行時也扭過。穿著紅綢衣綠綢褲，頭插花，手舞綵帶，額前掛著瀏海兒，烏黑的頭髮不結繩，披到肩，兩隻杏核眼亮晶晶，兩道長眉彎彎的，細細的，是很好看的。

母親喜歡唱。其實，哪裡是唱？只是哼哼罷了。我小時候，母親哄我睡覺，哼的許多催眠曲，記不得了。問母親，母親也記不得。母親唱的歌都是偶爾在腦子裡出來的，要現想是想不起的。唱了就忘了。不知什麼時候，那歌子自己又出現了，於是母親又唱起來：

牛兒還在山坡吃草，
放牛的卻不知道哪兒去了。
不是他貪玩耍丟了牛，
放牛的孩子王二小……

「媽媽唱得海好了！」❶ 二姐說。

「好麼？這會兒你媽老了，好聽的歌都忘了……」母親臉上帶著沉思的微笑，說。

傍晚，母親拉風箱做飯。我倚在母親懷裡。鍋上起了蒸氣，廚房裡燈昏了，滿屋被水汽瀰漫了。母親一下一下地拉著，火一閃一閃映在母親臉上，映得通紅的。母親呆呆地望著火苗，忽然唱起來了。我靜靜地聽著，聽著，不知怎的，覺得天底下只有我，只有母親了……

我也惹母親生過氣。母親生氣的時候也罵過我。母親最好罵我的是：死玩意兒。母親從未打過我。

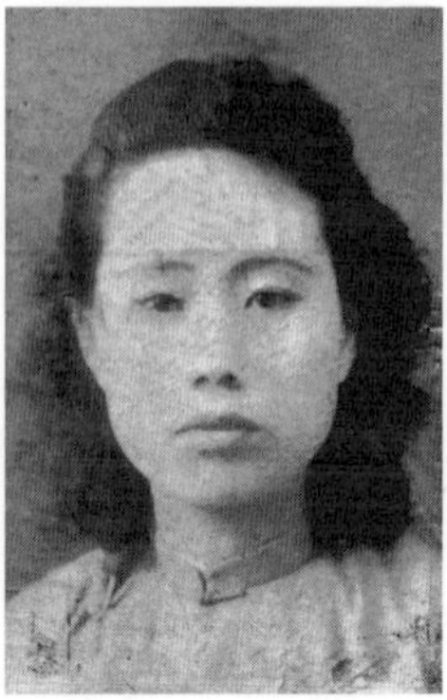

3 （右上）1950 年代初，母親辦證件的照片。

4 （左下）1970 年代初，母親在青島魯迅公園留影。

母親是有潔癖的。母親的乾淨，聞名遐邇。屋裡的床、桌、椅、櫥，每天都要用抹布抹一遍。那抹布和洗臉毛巾一樣乾淨，天天洗，晾。進屋的一個重要步驟是在擦腳墊上擦腳。我從外邊跑回家，母親大喝一聲「擦腳去！」——關著門，母親怎麼知道我沒擦腳？母親每次都說得很準，我只好乖乖出門擦去。

母親喜歡帶我串門。在人家家，我老老實實，不聲不響。該叫「大姨」就叫大姨，該叫「爺爺」就叫爺爺。每每得來一片誇讚，母親美得合不攏嘴。只要人家一談起我，母親就說個沒完。母親常好說的話是：「我就盼著俺小兒子了。」

我長大了，懂事了。母親有時生了我的氣，坐在床邊。我不跟母親強嘴，母親只好生悶氣。我可不怕。我走到母親跟前，背過身坐著，靠著母親。母親一抗膀子：「死玩意兒，滾一邊子去！」母親一抗膀子，我又靠著母親。抗了幾次，母親就不抗了。母親不抗了，我就轉過身摟住母親，去看母親的眼睛。母親不敢看我。母親眼一和我對上，就忍不住笑了。母親笑了，我就躺在母親懷裡了。母親笑了，就敢看我了。母親看著我，眼裡充滿了愛，充滿了光。這愛這光使我心裡癢癢的，我就不敢再看母親的眼了。我轉過頭，貼在母親胸前，用手摟著母親的腰。母親就用那雙粗糙的手撫摸我的臉。

所以，母親從不打我。

我還跟母親開玩笑。母親打了二哥的第二天，我偷偷問母親：「媽，打死你這個死不了的是什麼意思啊？」

母親不解地看看我。

「既然死不了，怎麼還打死呢？」

「呸，你這個小死玩意兒，沒大沒小的！」

母親就笑起來了。

我很欣慰。母親這一生中，我跟母親開玩笑最多，後來二哥、二姐、大哥都學會了，母親的笑聲就多了。

放學回家，我常裝樣敲門。「篤、篤」敲得穩重有致。

「誰呀？進來。」母親一本正經地在屋裡答。

我慢慢開門，慢慢進去。母親正歪著頭瞪大兩隻秀麗的眼睛向這兒望，一見是我，就罵：

「這個小死玩意兒！」

母親又笑了。

母親的笑永世留在我心中。

註釋

❶「海好了」，疑應為「太好了」。

尋找母親

陳　兵

自幼喪母

二十世紀五十年代初，一個小生命呱呱落地，這就是我。可誰知道，母親懷著我的時候就已經患上肺結核，老百姓管它叫肺癆。我的誕生，著實叫母親高興了一陣子，她把早就織好的小毛衣給我穿上，整天抱著我不肯放下，但最終她沒能戰勝病魔，在我出生後幾個月後撒手人寰，永遠離開了我，當時她只有二十多歲。我感激母親，不顧自己患病的身體把我生下，我也為母親惋惜，如果不生我，她可能還有生的希望。我寫的母親撫愛我的情景是後來表姐告訴我的，每每想起來，我就止不住地流淚。

襁褓中的我被送到河北農村的奶媽處撫養，生母的音容笑貌沒給我留下絲毫印象。奶媽是個淳樸的農民，對我如同親生兒子，我在她那兒生活了五年，但當時的農村很窮，看我一天天長大，撫養越來越困難，只好把我送回北京父親這兒，而這時父親已有了第二個妻子。繼母可不像奶媽那樣溫善，她容不下我和與我一母所生的姐姐，動輒打罵，而我的父親那時在郊區上班，一月才回家一次，每次回來都要與繼母為我們的事大吵大鬧。有一次，繼母妹妹的孩子來家玩，不小心把醋瓶子的小鐵蓋扔進垃圾裡倒掉了，她怕繼母說她，愣冤枉是我扔的，繼母不問青紅皂白，抓住我的頭髮就往牆上撞，撞得我眼冒金星，頭上起了包，我大哭不敢反抗。等爸爸回來，姐姐告訴他這件事，爸爸與繼母大打出手，幾乎要離婚。那時我和姐姐經常唱的歌是：「小白菜啊，心裡黃啊，兩三歲啊，死了娘啊……」唱著，唱著，經常淚流滿面，而且還得偷偷地唱，不敢叫繼母知道。我就在這樣沒有溫暖，沒有母愛的家庭環境裡度過了童年和少年時代。後來我看了高爾基的小說《童年》，心裡產生了深深的共鳴。上學後，有後媽的孩子同學都小瞧你，春遊時人家的媽媽給帶那麼多好吃的，我只看著眼饞。每當我受了委屈，沒人幫忙，我就偷偷地哭，想念著親生母親。為什麼世上對我這麼不公，讓母親早早離開了我！我很想知道生母究竟長啥樣，問父親哪兒能找到生母的照片，他每每露出痛苦的表情，看到他這樣子，我也只能把痛苦埋在心底了。後來才聽說，是繼母把生母的所有照片全銷毀了，一張也沒給我們留下。

動盪的年代使我多處漂泊：到山西農村插隊，在外地工作多年。二十世紀八十年代繼母去世了，繼母病重時，我帶著孩子從山西回京看她，她已骨瘦如柴了，見到我們她流了淚，顫顫悠悠地摸出了二十元錢，叫我給孩子買點吃的穿的，當時二十元也算不小的數目了。我感到繼母可能後悔她以前虐待我們的事情了，真是人之將死，其言也善，鳥之將亡，其鳴也哀呀。不久，我根據有關政策返京工作，本想陪伴孤獨的父親盡一片孝心，想不到意外再次降臨，父親在外出旅遊時突發疾病去世，又給我以沉重的打擊……

我產生了強烈的尋找生母形象的念頭，如果自己一生都不知道母親的模樣那該是多麼的遺憾，也是對母親最大的不孝。我寫信、打電話給山東老家的街坊四鄰——那是母親生活過的地方，但年代久遠，沒有結果。我又與在南京、西安的舅舅們聯繫，一時也沒有回音。年頭太長，母親已去世四十多年了，照片能找到嗎？

初「見」母親

正當我感到絕望的時候，南京的舅舅來信了，一張發黃、折損嚴重、攝於二十世紀四十年代的一英吋母親二十來歲的全身像隨信附來。舅舅說：你的誠心感動了我，經過翻箱倒櫃，費了多日工夫，只找到這張，不太好，只能看個大概。我端詳著母親年輕時的模糊形象：燙著披肩髮，穿著當時的時髦服裝，但臉部折損嚴重，特別是一隻眼睛折皺得看不清了，但這畢竟是母親的照片，我的眼淚奪眶而出：「母親，我終於『見』到了您！」

為保存這張珍貴照片，我到京城一家好的圖片社去複製。那裡的師傅看著照片直搖頭，照片小，年代久，破損嚴重，實在不好複製。但他聽我講了自己的身世後，大為感動，答應竭力複製。師傅費了很大的勁兒，複製了幾張，還做了底版。我把複製的相片拿給曾見過母親的表姐們看，說有七八分像真人，還告訴我，母親要比複製的相片更漂亮。

我把那張破舊的原片與複製的相片珍藏起來。二〇〇六年，有幾個單位聯合舉辦首屆中國家庭老照片珍藏展，向全國徵集家庭老照片。我想，母親的這張相片來之不易，公佈給世人是對母親最好的懷念。一年多後，展覽開幕那天，邀請我參加。我去一看，母親的照片和故事被做成了大展板，前言中寫道：「發黃的照片，自有它不可忽視的價值。一位出生不久媽媽就去世的兒子，幾十年來尋覓媽媽的影像，就得到一張模糊的照片，那是母親留給兒子的唯一記憶，這樣的照片又怎能以萬金相抵！」

再「見」母親

這個展覽引起了社會的關注，許多媒體進行了報道。我尋找母親形象的故事也得到了多方的注意，電視台一個生活頻道的欄目找到了我，要把這個故事拍成電視節目，這又是一次告慰母親的好機會，我欣然答應。

那天，電視台的記者和攝像師來到我家，我對著攝像機講起了尋找母親的故事，那張破舊發黃的小照片被攝入了鏡頭。記者突發奇想，要到那家複製過母親照片的照相館拍攝。還好，照相館雖然搬了家，但還在那條街上，並擴大了經營規模。我們趕到了照相館，當年修復照片的師傅已經退休了，照相館的經理聽過這個故事後感動不已，說：「我們現在的設備更先進了，把這張照片再免費重修一次，讓這位先生的母親的形象恢復得更真實一些……」

照相館裡技術最好的師傅花了兩個多小時的時間，仔細地修復了母親的照片。第二次修復的照片中，母親看起來更漂亮了，我再次「見到」了母親，心中感慨萬分。電視節目播出了，幾十年前的同學打來電話，說真沒想到你的人生那麼苦，那時我沒幫你，還欺負過你，真不應該呀！

又「見」母親

生活頻道的節目播出後，我把母親的那張小照片放進一個夾子裡再次珍藏起來。沒想到，電視台的另一個頻道也看中了這個素材，要在另一個欄目裡製作播出。我告訴他們：故事已經播出過了，你們不怕重複嗎？他們說：我們從其他角度報道，還會實現你的一個心願，我不清楚他們要實現我什麼心願，挺神秘的，便痛快地答應了。

可麻煩事來了，母親的那張小照片怎麼也找不到了，我用兩個晚上翻箱倒櫃地尋找，都以失敗告終。我給電視台打電話，他們沉默了，沒有小照片，節目就缺了靈魂，他們讓我再找找看。我絞盡腦汁，也想不起照片放哪兒了。肯定不會丟，以後肯定會找到的，可是電視台要拍片，時間緊迫啊。我忽然靈機一動，對了，照相館上次修復時不是掃瞄過那張小照片嗎，如果他們沒刪除的話，再複製一張效果不一樣嘛？我立刻奔向那家照相館，太幸運了，本來複製的數碼相片照相館的電腦只保留兩天，可人家覺得我尋找母親的故事實在感人，沒捨得刪掉，想多保留些日子。我趕緊複製了幾張一英吋小照片，看起來與原片差不了多少。我給電視台打電話告之情況，他們很高興，立即來到我家拍攝，並拍了我一些小時候的照片，其中有一張，是我六歲從河北回到北京照的人生第一張照片。節目播出了，原來，電視台要實現的我的心願，是把母親的照片與我六歲時的照片合成在一起，讓我感受到母親對我的撫愛和溫暖。我興奮極了。

表姐看到了節目，給我打來電話，述說了心裡的激動，說第二次修復的母親像雖然比第一次真實一些，但還有差距，主要是眼睛上，哪天我陪你到照相館再修一次。

一個星期六，我與表姐再次來到那家照相館，人家依然熱情接待，在表姐的指點下再次精心修復照片，基本恢復了母親真實的形象。

不久，我偶然清理書包裡的夾子時，找到了母親的那張原始小照片。為了尋找母親，我尋覓了幾十年，把母親的形象送進全國性的展覽，三赴照相館修復照片，兩次上電視述說故事。

母親，您離開兒子已近六十年，兒子深深地、永遠地惦記著您……

1 （左上）2008 年 7 月，第三次修復後的母親照片。

2 （右下）電視台為作者合成的母子合影

參加八路軍的母親

劉厚軍　劉滬民

我們的母親李玉，九十六歲（二〇一七年），回族。外婆去世得早，外公續絃後，又有了三個孩子，繼母對她不好，吃了不少苦。

一九三八年三月十八日，日本鬼子佔領了棗莊後，棗莊街上參加抗日隊伍的人很多。那時我母親已經和參加八路軍的父親訂親。母親和其他抗日家屬們經常天黑後偷偷地到李汝佩（回族，棗莊第一位女共產黨員）母親（母親稱她大娘）家裡，聽她講部隊的情況，如女人和男人一樣穿軍裝、扛槍、識字等。在她的影響下，母親決心去找父親，參加八路軍。

一九四一年五月的一個晚上，大娘準備帶著包括母親在內的五個女青年逃走參加八路軍。那天晚上，等家裡人都睡著後，母親悄悄翻牆出去。到了大娘家，等來等去就是不見其他人來。眼看快到下半夜了，大娘說不能再等了，拿起一個裝了煎餅的破筦子帶著母親出了門。到了老棗莊街東門口，大娘把筦子交給母親，躡手躡腳地走過去，看門的偽軍靠著大門邊，大簷帽扣在臉上睡著了。大門的鐵鏈子已經掛在兩扇大門上，幸好沒有上鎖。她悄悄地將鐵鏈子解開，將大門的另一扇輕輕移開，招手讓母親過去。雖然此時母親已經嚇得心撲通撲通亂跳，但也只能咬牙挪過

1 1946年3月，在清真寺大殿前，部分鎮幹部和工作人員的合影。前排左一：派出所所長宋桂生，左三：米元美，左五：母親，左六：李宗海（懷抱劉厚軍）；後排左一：工會主任張福田，左六：魏傳波，後排右一：叉腰站立者是父親。

去。出東門不遠就是東沙河，大娘帶著母親貓腰順著河沿下向南走。快到橋時，突然聽到上面的崗哨大喊一聲：「我看見你了！別藏了，趕快出來，不然我就開槍了。」邊喊邊拉槍栓。母親非常害怕，馬上趴在地上不敢動了。過了好一會兒，上面又喊：「別藏了，我看見你了，趕快出來吧！」隨後又是一陣拉動槍栓的聲音。母親剛才稍稍放下的心立刻又提到嗓子眼。大娘小聲對母親說：「別怕，嚇唬人的。」又過了一會兒，上面什麼動靜都沒有了，大娘用腳輕輕碰了一下母親，小聲說：「跟著我過河。」她先慢慢地爬上橋，然後用牙咬著�子的提手，悄悄地從橋上爬到了對岸，母親緊跟其後，「像狗一樣地爬了過去」——母親每次回憶這段經歷時都這樣描述。

過橋不遠有一個土崗，旁邊是一片墳地。大娘就帶母親藏在墳地裡。天亮後，路上開始有人行走，大娘讓母親用早已準備好的一塊黑布包上頭，慢慢移到路邊。趁著人多的時候，混入向東去的人群，總算暫時安全了。

第二天下午，大娘帶母親來到一個叫坦山集的小村莊，村裡有她的親戚（也是回族）。還沒進村，就見一個八九歲的小啞巴，「阿巴阿巴」地邊喊邊迎上來。大娘順手從筐子裡拿出一塊煎餅遞給他。大娘讓母親住她親戚家裡，對母親說：「我已經給他們說好了，你在這裡安心住著，部隊會有人來接你的。」說完他又拿起那個破筐子趕回棗莊了。

母親在坦山集住了七八天後，一天下午小啞巴又在村口「阿巴阿巴」地叫了起來。母親來到村口，遠遠看見有三個穿軍裝的人騎著馬朝村子奔來。這時母親就明白了，這個小啞巴原來是個放哨的。為首的一個軍人從馬上跳下來，向母親快步走來。母親仔細一看，正是三年多未曾見面日思夜想的「他」，眼淚頓時嘩地淌了下來。後來父親將母親帶到部隊駐地上村，母親從此成為一名八路軍女戰士。一九四二年十一月，母親也加入了中國共產黨，介紹人是劉永保、孫茂雲。

一九四一年至一九四二年是極端困難的時期，特別是一九四一年下半年，魯南抗日根據地被日偽軍、頑軍（國民黨軍隊）有針對性地進行「掃蕩」、蠶食、封鎖，地盤不斷縮小，最小的時候可以用幾句順口溜來形容——「東白山，西白山，東西凋村寶山前，南北征戰十餘里，東西交

2 1949年6月在濟南，父母和子女劉厚軍、劉彥玲合影。

通一線牽」。父親稱之為「一槍打透的根據地」。

一九四一年八月，五團團部轉移到棗莊北部山區一個叫陡山頭的小村莊。天剛亮，部隊開始在打麥場上出操，一切都與往常一樣。到了吃早飯的時候，炊事班將煎餅和土豆絲抬到了打麥場上，這樣的待遇是不多見的。正當母親領飯時，就聽見空中傳來幾聲怪響，接著就有幾發炮彈光光地落在了打麥場周圍，隨即響起了密集的槍聲。當時有人大喊：「散開，準備撤退！」父親立刻組織宣傳隊集合，團部命令向北突圍（因為只有那個方向沒有發現敵人）。父親指揮宣傳隊朝北面山坡衝了過去。宣傳隊都是年輕人，而且沒有配槍，所以跑起來特別快，很快就衝到了北面山坡上。鬼子發現有人要突圍，馬上用輕重機槍向部隊猛掃了過來，隊員們冒著彈雨往山上爬，有些隊員害怕被子彈擊中乾脆就跳著跑。

母親從未見過這種陣勢，當時也不知怎麼想的，還上前摀了一勺子土豆絲放到煎餅上，飛快地捲了一下，轉身跑向屋裡，找到了她負責照顧的傷員把煎餅塞給他，扶他找了個藏身的地方。這時外面除了接連不斷的槍聲，就是「撤！撤！快撤！」的喊聲。母親跟著撤退的人員朝北面山坡上跑，她本來個子就矮，只有一米五，加上剛參軍不久，腳力還不行，所以慢慢地就落到隊伍的後面，等她跑到對面山腰時，前面只剩幾名女戰士在拚命地向山頂跑。這時突然聽見坡下不遠處有人喊：「女八路，抓活的！」母親頭也不敢回，拚命向上爬。正在這危急時刻，就聽見「啪啪」幾聲槍響，只見離她不遠，「大個子」股長正舉著槍向下面幾個斜背長槍的偽軍開火。母親趁機向山頂爬去。剛到山頂，就聽見後面敵人喘著粗氣追上來了，母親拚命地向前跑了幾步就跌倒了，接著就連滾帶滑地跌下了山坡。

宣傳隊很快翻過山頂，到達安全地帶。父親讓隊伍停下來一邊休息，一邊清點人數，並讓文化教員小王回去接應一下未到的同志。小王順著山谷的河邊向回走，走著走著，猛然看見從山坡上滾下來一位穿八路軍裝的人，眼看就要滾到河裡去了。他趕緊上前用身體擋住，仔細一看，竟然是母親。母親真是命大！從山上滾下來竟然無大礙，只是左膝蓋跌傷了，小王扶著母親趕回了部隊。

一九四三年初，五團為了加強敵後武裝鬥爭，從團裡抽調了一部分軍事素質好、作戰能力強的幹部新組建了一支武工隊，並且配備了精良的武器，父親也是當中的一員。當時部隊駐在上村，經上級批准，在那年春節的晚上，父母親在一個老鄉家裡舉行了簡單的婚禮。部隊當時非常困難，老鄉煮了一鍋小米粥，每人喝了一碗就算是慶賀了。第二天，母親就回後勤部了，而父親則脫下軍裝換上長棉袍，到武工隊報到。一九四四年八月，母親離開部隊被調到雙山縣六區任婦救會會長。

新中國建立後，母親和父親一樣一直從事民族宗教工作。一九七八年，父親調到上海市伊斯蘭教協會任副主任兼秘書長，繼續從事民族宗教工作，一九八三年離休。回首崢嶸歲月，對於戰爭，父母說他們是倖存者。一提起那些在戰爭中犧牲的戰友郝維實、趙傑、孫晉卓、胡林等烈士，便會潸然淚下，感慨不已。

3 （上）1954 年 9 月，在上海與華僑、民委部分同志合影。前排左一為母親、右一為父親。

4 （下）1978 年全家福

巧手母親

李蕎

我母親生前有雙巧手，全家老少的四季穿戴全靠她親手縫製。那年月商店的成衣很少，式樣單調，顏色灰暗，且不分年齡段，很少能買到合體的衣服。再說了，父母收入微薄，孩子又多，應付一家人的吃喝已屬不易，哪有能力買現成衣服穿呢！

但我母親是個很愛美的人。北京剛解放時，婦女們普遍穿旗袍和中式大襟便裝，我母親在街上看到那些參加了工作的女同志都穿列寧裝，英姿颯爽，非常羨慕。後來她也加入了街道的婦女宣傳工作，並給自己縫製了一套有四個兜兒的女式中山裝，穿上之後又莊重又精神（圖1）。家人出門也一定要衣容整潔，不能邋裡邋遢，被人恥笑。所以她總是盡可能在有限的條件下，充分發揮才智，打扮家人。你看圖2中母親和孩子們的穿戴是不是都很漂亮？

母親生我時已三十八歲了（圖3是我和母親的合影），我是家裡最小的孩子，一直生活在她身邊，從小到大穿過的衣服大部分出自母親的雙手。她常用哥哥姐姐的舊衣服經過巧妙拼接，加上皺褶和花邊，變成我的各種「時裝」，記得小時候上街還頗有些「回頭率」呢！

有一陣，我迷上了解放軍軍裝式的兒童裝（有一時期大人孩子都喜歡穿軍裝），非要讓母親

1 （右下）母親身著女士中山裝獨照

2 （左上）母親與孩子們合影

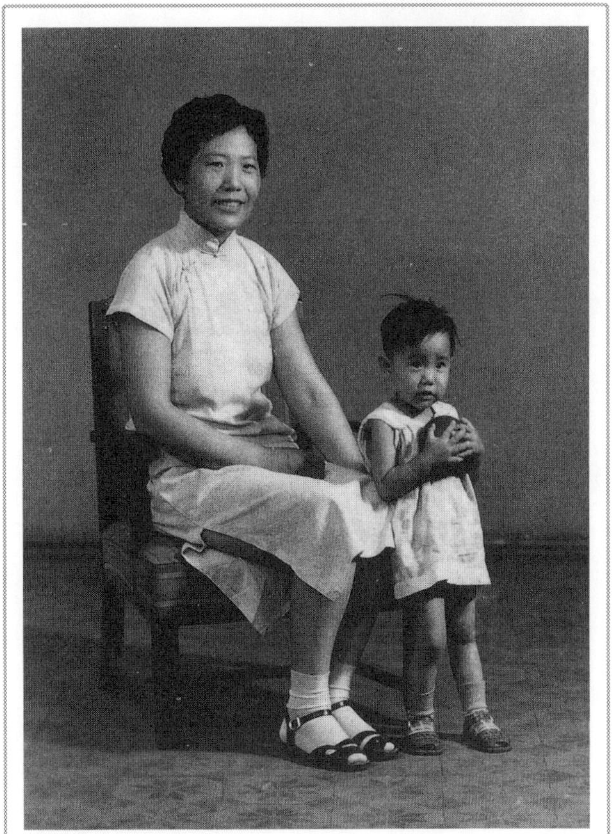

3 作者與母親合影

給買，追討急了，母親居然模仿著給我做了一套，我記得穿上那身綠軍裝，戴上綠軍帽著實高興了一陣子。

最難忘的是母親為我做的一件「游泳衣」，上小學時，有一次學校組織學生們到陶然亭游泳池游泳。我從沒見過游泳池，也沒游過泳，感到異常興奮，於是積極報名參加，回家後報告母親我明天要去游泳，可母親說你又沒有游泳衣怎麼游，還是別去了。這時我才想起游泳衣的事兒，眼看著願望落空，委屈得直哭。母親看不下去，花了一晚上的時間在燈下給我趕製了一件「游泳衣」。

這件「泳衣」很奇特，是用我哥哥的一件圓領藍白細條紋海魂衫（海員穿的背心）改成的，由於沒有足夠的彈性，母親在腰間加上了一條鬆緊帶。「泳裝」做好後一試非常合適，而且像模像樣。我高興得一夜沒睡好覺，就盼著天快亮去陶然亭游泳。記得第二天在游泳池裡，幾個女孩子圍著我的「泳衣」仔細研究了一番，讚不絕口。轉眼母親已去世十年，每次整理衣物時看到保留下來的母親一針一線為我縫製的衣服，我都會心緒難平。撫摸著這些衣服，彷彿仍能感到母親那雙巧手在針線間留下來的溫暖……

母親的恩澤永存！

參加抗戰「小小歌詠隊」的母親

何蜀

我的母親龔蘭（一九二六—二〇一〇），四川合江人，從小就愛唱歌，但並無家傳或環境影響。她家是城市貧民，父母都沒有文化藝術修養，她是在學校裡學會唱歌的。而真正把母親引上歌唱之路的，則是抗日戰爭爆發後的全民抗戰宣傳熱潮。

當時母親正在四川省合江縣私立新民小學讀書。一支宣傳抗日的「軍委會文化動員委員會第五巡迴施教隊」來到這個川南小縣城，巡迴施教隊有十幾個年輕人，母親記得隊長叫顧夢鷗，還有個叫王平。他們住在小縣城裡的城隍廟裡，滿腔熱情地在群眾中開展抗日宣傳活動，教唱抗戰歌曲，組織群眾遊行。有一次大規模的化裝遊行，還安排母親他們一群小學生裝扮成流浪兒，唱著「我們都是無家可歸的流浪兒……」控訴日本侵略軍的罪惡。

母親和幾個愛唱歌的同學常跑到巡迴施教隊駐地去玩，在那些大哥哥大姐姐的熱情輔導下，學會了許多抗戰歌曲，特別是那首《歌八百壯士》，母親到晚年還能唱，而且一唱起來就激情難抑，那些歌詞也記得清清楚楚：「中國不會亡，中國不會亡，你看那民族英雄謝團長！中國不會亡，中國不會亡，你看那八百壯士孤軍奮守東戰場！……」

在巡迴施教隊的指導下，合江縣立初級中學成立了「洪波歌詠隊」。歌詠隊全是女學生，她們經常演唱那首田漢作詞、張曙作曲的《洪波曲》，以這首歌作她們的隊歌，母親也跟著學會了：「我們戰黃河！我們戰淮河！微山湖水今又生洪波……」母親印象最深的，就是歌中那句「弟弟戰死還有哥」，覺得它唱出了當時中國老百姓寧死不做亡國奴的心聲。

一天，不知是哪個同學得到了消息，說縣裡又要組織一個小學生的歌詠隊。她趕緊和幾個愛唱歌的同學跑到城隍廟去。巡迴施教隊的大哥哥大姐姐們對他們早已熟悉了，把他們十一二個小學生組織起來，成立了「小小歌詠隊」。母親因為最積極最活躍，被推選做了這個歌詠隊的隊長。

「小小歌詠隊」成立起來沒多久，巡迴施教隊就離開了合江，據說是巡迴到璧山宣傳去了。以後領導「小小歌詠隊」的是一個叫江逢潤的大哥哥。聽口音，他是抗戰時逃難入川的「下江人」（當時對長江下游江浙一帶人的俗稱），他住在上街南華宮的縣民眾教育館，那裡也就成了小小歌詠隊的活動場所。

在江逢潤帶領下，他們經常打著「小小歌詠隊」的旗子，逢鄉下「趕場」的日子，到附近鄉場去宣傳演出。那時沒有什麼交通工具，都是靠兩隻穿著草鞋的腳走路，每天一大早就在民眾教育館集合出發，往往要走十幾里路，但是小隊員們卻一點也不知道累，一路上還嘻嘻哈哈的。到了鄉場，找一家茶館，把幾張桌子拼到一起，往上一站，就開始講演和唱歌。母親回憶那時一點不知道害怕。茶館老闆聽說是宣傳抗日，都是積極主動幫忙把桌子搬出來，趕場的農民都圍攏來看熱鬧，有的還指指點點說：「看人家小姑娘好大的膽子！」

1 （上）1938年11月，小小歌詠隊合影。後右一蹲者為江逢潤老師。前坐者左二為母親。

2 （下）1939年12月，小小歌詠隊合影。後右一立者為蘭奎老師。持隊旗者右二為母親。

他們這個歌詠隊沒有專門的服裝（一般都穿學校發的童子軍服），也沒有一件樂器，只有一個男同學石新民打金錢板。除去那副金錢板外，就全靠用嘴演唱。但即使是這樣，他們的宣傳效果也相當好。各鄉場的群眾都看得很起勁。

一九三八年九月，領導小小歌詠隊的江逢潤大哥離去了。臨行前照了一張合影（圖1）。他在合影照片後面只寫了「逢潤贈予合江軍次／38，11／9」。母親一直不懂「軍次」的意思是指行軍途中停留處。他可能是此後就上前線去了吧？

江逢潤走後，領導歌詠隊的是新民小學的老師蘭奎。他是湖北人，調到小學校不久，他帶歌詠隊到縣裡戲院（那時縣裡只有一家戲院）演出過好幾個節目，其中一個叫《四親家上前線》，包括母親在內的四個女同學扮演四個親家（老丈母，親家母，幺姨媽，大舅母），一起上前線去打日本鬼子。母親演的是主角「幺姨媽」。她還與女同學胡芳正表演了一個《送郎上戰場》，胡的個子高，扮演上戰場的「情郎」，母親演送郎的小妹，那一次，母親特地找一位女老師借了雙高跟鞋，那是母親第一次穿高跟鞋。

蘭奎還教孩子們唱了好幾首抗戰歌曲，母親演唱過一首他教的民歌，共有三段，母親到晚年還記得起其中兩段，其中一段是：「太陽出來滿天地，情哥躺在山坳裡。一夜放哨到天明，半身霜來半身泥。」

遺憾的是，一九三九年十二月，蘭奎老師又離開了。孩子們依依不捨地照了合影（圖2），他在給每人的合影照片後都題了這樣的詞：

親愛的弟妹們：

我們再過若干時日後，是否能重攝像這樣的一張影兒啊？大家努力吧！前途無量！！！

弟妹們，再會，在民族革命的戰場上再攜手！！！

你們的愚兄

蘭奎贈

一九三九．一二．十

母親他們先不知道背後有題詞，直到蘭奎老師離開了，大家才發現這些題詞，都失聲大哭起來。

江逢潤離開合江後，還經常給母親這個歌詠隊長寄來軍委會辦的《掃蕩報》，一直到母親家被日本飛機炸毀後，沒有了通訊地址，才斷了聯繫。

學校被炸毀後，母親只得轉入縣裡「木材幫」集資辦的木業小學就讀。因為同學們都分散了，「小小歌詠隊」也就再沒有活動。後來，母親在木業小學還是參加了一些抗戰歌詠活動和戲劇演出。

投身革命的母親

韋亞南

我的母親王志敏，一九二七年十月出生於河北省遵化市玉田縣的東果各莊，母親的家在當地是大戶人家，祖上世代行醫，行善積德，在周邊十里八鄉頗有名聲和影響。抗戰時玉田縣地處冀東抗日根據地的腹地，冀東抗日根據地主要領導人共產黨員李運昌就經常吃住在她家。雖然母親當時只有十幾歲，但是已冒著生命危險投身抗日活動，站崗放哨、傳遞情報，還跟隨她的五哥護送八路軍幹部過封鎖線，掩護交通員等。一九四六年母親又加入了玉田縣婦救會，積極為八路軍做軍鞋、送軍糧和參加搶救傷員。

日本投降後，國共兩黨開始搶佔東北，地處華北通向東北必經之路的唐山、遵化、玉田一帶很快就被國民黨軍隊所佔領，共產黨的軍隊退到了熱河、遼西及長城以北，形勢也越發緊張起來，母親家鄉當地的黨組織一部分隨部隊撤退了，不能撤的也都隱蔽起來或轉入地下。這時打入敵人內部的一個內線送來緊急情報，第二天敵人要對母親村子一帶進行包圍清剿，對共產黨員和積極分子進行抓捕，男的抓住後活埋，女的抓住後發配給當地的地痞無賴。我母親也列在抓捕名單之中。因為母親當年是村裡出名的漂亮姑娘，再加上她的家庭與共產黨的這種關係，更是敵人

1 1948年2月，八縱二十四師宣傳隊女生班在遼寧昌圖合影，右二為母親王志敏。

瘋狂報復的對象，他們準備抓住我母親後，將她發配給當地一個最壞最醜的地痞流氓。當地的黨支部書記得到這一情報後，連夜到村裡通風報信。來不及過多考慮，母親便帶了一點衣物和乾糧連夜逃了出來，茫茫黑夜中，怎麼辦？往哪裡逃呢？想來想去只有一條路，就是去找她的五哥參加共產黨領導的部隊，投身革命。

我母親的五哥叫王錫錄，一九四一年參加革命後改名周文，當時在冀東軍分區工作，此時部隊已轉移到熱河一帶活動。母親決定找五哥去，就向熱河方向走去。大路不敢走就走山間小道，白天不能走就躲在山溝裡或青紗帳中，夜晚再靠夜空中北斗星辨別方向摸黑前行，渴了就喝點山溝或地邊的水，餓了就吃點自帶的乾糧，乾糧吃完了就在地裡挖點紅薯或掰根玉米充飢，同時還要隨時躲避敵人的搜捕及所設的檢查關卡。這期間經歷了怎樣的艱辛和困苦，母親從沒對我講過。經過兩個多月的尋找和跋涉，終於在熱河的凌源找到了她的五哥和部隊，此時她的五哥周文已是東北民主聯軍第八縱隊七十二團的政治處主任了。這樣我母親就正式參加了東北民主聯軍，此時是一九四七年八月。

明明白白的母親

何曼

一九八七年，我告別了正在住院的母親來到日本，從那時算起，已經整整過去了十五年，但是與母親分別時的記憶卻一直被我小心地珍藏著。

一九三〇年，母親出生在湖南長沙附近的一個鄉紳家庭。湖南是中國近代普及女子教育較早的省份，因此，母親雖然是獨生女，外祖父也讓她讀完了初等學堂，並且習得一手不錯的字。一九五八年母親正式參加工作以前，也因這筆字得以在父親工作的大學教材組裡用鋼板刻寫教材，不僅補貼了家用，也為自己以後走上社會打下了一些基礎。

母親十九歲時，奉父母之命在長沙老家與比她大十歲的表兄，也就是我的父親結婚了。我的祖母和外祖母是親姐妹，放到現在，這種血緣關係是不允許她們的子女結婚的。但在那時，湖南鄉下的大家族還保持著近親結婚的風俗，親上作親，被視為鞏固、融洽家族勢力和關係最自然不過的方式。甚至到了我們這一代，我家親族裡仍然有不管不顧而聯姻的，結果生下了不健康的孩子。

知道父親母親是表兄妹，緣於我上小學二年級時的一次表彰會。我和兩個哥哥都被評為三好

1 （上）1956年的全家福

2 （下）1960年的兄妹四人合影

學生，大哥還以優異的成績考取了清華附中。所有的三好學生和他們的家長都戴上了大紅花，父親還作為教子有方的代表在會上發言。就在那個時候，我聽到有人在議論：「你看人家何教員夫婦是近親結婚，怎麼生的孩子一個比一個聰明？」記得那時候，只要有人提起這事兒，母親總會急切地表明：「在我們鄉下，姑表親不能結婚，姨表親是可以的。」母親的語氣中，有為家鄉舊俗辯解的固執，似乎還有點隱隱的自豪。

就在那次表彰會後不久，父親便被癌症奪去了生命，走完了他四十四歲短暫的一生。從發病到去世，僅僅兩個月時間。一家人的生活重擔、哺養教育四個孩子的責任一下子落到了年僅三十四歲的母親肩上。

我現在想，當母親從父親去世的噩耗中醒過神兒來，眼前最先看到的一定是我們四個從八歲到十四歲的孩子，母親來不及釋放自己心中的悲哀，來不及訴說自己遭遇的不幸，便被強裹進一家人的衣食住行、柴米油鹽當中⋯⋯

那個時候，沒有人告訴母親今後應該怎麼辦，母親自己大概也並不清楚這一點。母親只是本能地盡力保持我們能過上與父親在時一樣的日常生活。當時這恰恰是我們最需要的，勝過任何憐憫和安慰。母親那時已正式參加工作，是我們所在大院軍人服務社的一名售貨員。

我記得，站了一天櫃檯的母親，回到家即開始操持家務，在清華附中住校的大哥怕母親太累了，提出課後從學校回來幫幫母親，被母親一口拒絕了。家裡的一些小規矩、小習慣，也和父親在時一樣被保持著。例如，母親愛整潔，家裡的床除睡覺外平時是不准坐的。湖南人洗被子有上漿的習慣，母親再苦再累，也會做得一絲不苟。星期一是母親的公休日，從早上開始，母親就會拆開被子，邊洗邊在爐子上熬著上漿用的麵糊糊，淡淡的甜甜的香氣，瀰漫著整個房間。與父親在時一樣，這天晚上母親照例要做上一頓可口的飯菜。輪到母親休息的日子，我和哥哥弟弟決不在外面貪玩兒，早早回家，一邊看著母親麻利地做事，一邊回答著母親帶有湖南腔的各種問話。如果母親正守在炒菜鍋旁，則常會很幸運地嘗一口剛出鍋的美味。在父親剛剛離去的那段日子裡，母親竭盡全力為我們營造了一個舒適安全的生活環境，幾乎讓我們忘掉了父親去世帶來的悲傷。但母親又讓我時時想到父親，每天早上，母親擦拭擺在櫃子上的父親遺像時總會停下來。這時的母親是軟弱的，雙肩無力地下垂著，僅從她的背影中，我也知道母親在流淚，這種時候，我總是很快從床上爬起來，並警告自己這一天要乖乖的。在我看來，母親是天，母親笑了，天就亮了，這種感覺伴隨著我直到現在。

在父親離開我們之後，我想母親一定是發了誓要讓我們在日常生活中不受半點委屈的。有一陣子，為了減輕雙職工的負擔，院裡食堂為中小學生包伙，我的一些小夥伴都入伙了，大家圍坐一桌，能吃、能說、能笑的場面光想想就夠讓人興奮的了，但我不敢期望這些，因為畢竟包伙會增加家裡開支，沒想到母親問都沒問我們一聲，就送我和弟弟入了伙。

我們四兄妹每年暑假去游泳池的月票錢也是一筆不小的開支。幾年下來，在支付這筆費用時，母親從未有過半句嘮叨，記得在我十歲那年夏天，總參第一次組織在京部隊幹部、戰士橫渡昆明湖，我作為年齡最小的參加者，被選為第一方隊的一名護旗手，母親一邊幫我整理行裝一邊囑咐我要注意安全，臉上洋溢著喜悅。雖然因為工作，母親沒有能去現場參觀，卻記住了我對上岸後喝到的薑糖水的稱讚。從此，家裡便常常備有母親燒好的薑糖水。薑糖水的做法後來被我帶到了海外，教給了日本朋友，傳給了下一代。

父親去世之後，曾有不少人為母親再婚牽線搭橋，母親都以父親留下的四個孩子為理由拒絕了。當時聽到母親的回答後，我大大地鬆了口氣，從沒有想過母親為了這一承諾要付出怎樣的代價。

我一直認為，母親沒有她自己的人生，母親生命中的一半給了父親，另一半給了我們，剩下的在由病魔擺佈。可是我錯了，回首往事，母親的一生，閃爍著母親的聰明和智慧，釋放著母親的人格魅力。這裡面有傳統的忠孝禮義、相夫教子、忍辱負重的操守與美德，也有現代婦女勤勞、敬業、敢於承擔的進取之心。已經患病的母親依然豁達、開朗、慈祥。

母親這一代的中國婦女，經歷了新舊兩個社會，經歷了戰爭與和平，經歷了動亂與改革。也許，她們是中國最後一代多子女的母親，為自己也為子孫後代書寫下了濃重的一筆。

我為母親寫下了這些文字，願天下所有的父母所有的子女都能夠讀到它，卻不願意讓母親看到它，擔心有些敘述會給病弱的母親帶來傷感。但是，有一句心中的話語，我願託太平洋上空的白雲，把它帶給母親：「謝謝您，今生今世讓我做了您的女兒。」

二〇〇三年十二月三十日，我的母親與世長辭了。享年七十三歲。

母親去世時，我沒有在母親身邊。

這年年底，我在電話中告訴母親：「我實在脫不開身，新年就不回家了，老樂（我的丈夫）回去，他會去看您。」老樂後來告訴我：十二月三十日那天，他來到母親床前，向母親細細講述了我在日本的工作和生活情況；母親流下了眼淚，慢慢地從被子裡伸出手來，握了握他的手。之後不到一頓飯的工夫，母親便永遠地閉上了雙眼。

第二天，我趕回北京。家裡人說：「媽能熬到這一天，就是想聽聽你的消息。」

母親明明白白地走了。母親一生都是明明白白的人。

媽媽的童年照

麥琪豐

照片攝於一九三六年四月四日，左邊的胖女孩是我的媽媽，那時她只有六歲，是天津市私立木齋小學一年級的學生。她參加了在天津市市立師範附屬小學禮堂舉辦的全市小學生的兒童節慶祝會。

時間之所以記得這樣清楚和準確，是因為母親入學是在一九三五年夏，第二學期就是一九三六年了。那時的兒童節是在每年的四月四日，而二年級時她就轉入市立師範附屬小學了。那是為了和大她三歲的哥哥同在一所學校，上下學時可以互相照顧。

木齋小學是一所私立學校，創辦人盧木齋是湖北沔陽人。祖上均為教師。盧氏自幼勤奮好學，尤擅數學。一八八三年著有《火器真訣釋例》一書。一八八五年鄉試中舉，被推薦為天津武備學堂的算術教習。一八八七年開始，歷任直隸省贊皇、南宮、定興、豐潤等縣知縣，後又任保定大學堂督學、直隸提學使等職。曾去日本考察學務。為籌資辦學而棄官經營實業，積累資金。一九一六年，他在天津自己的住宅開辦了木齋小學，由留學歸來的三女兒盧定生主持教務。後來盧氏又開辦了木齋中學，由其畢業於南開大學的五女兒盧毅仁任校長。媽媽說，記得主管校務的

1　圖為媽媽（左）在兒童節慶祝會表演節目

女士們都是當時的社會活動家、名流，穿戴入時，顯得高貴有學識。媽媽很羨慕她們呢！

媽媽轉入市立師範附屬小學，除了可得到哥哥的照顧外，也因為那間學校的設備和師資當時可以說是一流的。那個年代正是我國復興經濟、發展教育的時機。當時的天津市長崔廷獻對教育很重視，任命天津人鄧慶瀾為教育局局長，同時指定由地方捲煙特稅收入直接撥付教育局六萬元作為教育專款。由此天津市立師範學校得以興建。後於一九三〇年在天津市河北區中山公園內設立附屬小學，作為市師同學實習的地方。新建的小學有嶄新的二層樓房，除有八間教室外，還有美術、音樂教室及禮堂、會客室、圖書館、操場等。這是一所新型的小學，每年除接待市師畢業班同學外，還經常接待本地或外地的師範院校師生的參觀學習。

媽媽還記得，相片中的另外兩位小朋友年齡都比她大，是二年級的學生。中間的同學姓康，名字記不起來了。右邊的同學名仁吉。母親年齡最小，上台時若不是後台老師的指導，她幾乎走錯位置，觀眾有的鼓掌，有的發出笑聲，十分有趣。媽媽說：「你看到三人頭上戴的帽子嗎？那是五顏六色的皺紋紙折出來的。」

七十多年一瞬間，不知那兩位同學是如何走過她們的人生之路的，她們的子女有沒有保存了這張照片？她們在何方？

那個最疼我的人走了

友誼

二〇一四年十月十四日凌晨，一陣急促的手機鈴聲將我震醒，弟弟在電話那頭大喊：快來！咱媽不好受。我顫抖的手怎麼也穿不上衣服，好在女兒在身邊叮囑，穩住！並幫我提鞋，穿外套，我們娘倆兒飛一般衝向夜幕，深一腳淺一腳跑向母親的住處。一拐樓口就見「120」車停在窗前。當我三步並作兩步跑進母親臥室時，驚人的場面讓我魂飛魄散，母親仰面斜靠在平時的被褥上，已然沒有了氣息！

我發瘋般地撲向母親，「120」的工作人員拉住了我。「不可能！下午我去給我媽拿藥，她還答應我明天去輸液，怎麼一夜未過就陰陽兩隔？！」我跪在地上摸著母親微熱的身體，追問「120」人員為何不救？人家拿出已成一條直線的母親心電圖單，向我說著：「我們幹什麼來的，能不救嗎？可已經這樣了。」望著心電圖上的時間：凌晨三點一分四秒，生命定格在此！我永遠地失去了母親，那個最疼我的人拋下我走了，我成了父母雙亡的孤兒！

跪在母親的靈前我大放悲聲，向母親遺體告別時我痛不欲生，抱著母親的骨灰和父親合葬時，我聲淚俱下地說：爸爸您搬新家了，和媽媽在一起了，媽媽一直盼著和您在一起，您們保佑

1 這張全家福攝於1964年，照相前爸爸笑指我正在脫牙不要張嘴，我很聽話。

我們吧！

母親是六月初六的生日，當年過了生日就意味著八十四歲了。那些日子，她跟我提的最多的就是和父親在一起的往事，還說父親要知道她能活這麼大歲數得多高興，因為從年輕身體就不好，父親時常為她擔心。我說父親把壽命給了您，您替我爸好好活著，母親連連答應。又跟我提起百年後的事情。為了讓老人安心，在當年的七月二十八日，父親忌日這天，我們特意帶她去了一趟烈士陵園。那天母親在父親骨灰前老淚縱橫，顫抖的手撫摸著父親的照片久久不願離去。我們攙扶著她看了今後合葬的位置，徵求她的意見，她說只要能和你爸在一起，哪都行，更何況我沾了你爸的光，有這麼好的歸宿，我還有什麼不滿意？！當天，她自己走過偌大的廣場，走上台階，徒步來到烈士悼念廳。臨走時，擦著眼淚一步三回頭，對著父親戀戀不捨。

可我萬萬沒有想到，僅三個月之隔，母親又和父親重逢了，然而卻是以我永遠地失去了父母作為代價！

無盡的思念

魯躍

我的母親在我六歲時就病逝了，許多年以來，我對母親的全部印象只是依據一張泛黃的照片（圖1），照片中的母親身著軍裝，恬靜、知性又漂亮。

五十年後的今天，八十八歲的老父親在搬家時，給了我一個紙包，打開發現，裡面有一些母親的老照片、證件和信函，這些老照片保存完好，我一張張地仔細翻看，似乎跨過了半個世紀的時空，母親的音容笑貌如在眼前，原來對母親的模糊印象逐漸清晰。照片中她的身影，她的一顰一笑，好像都在對我講述她那塵封已久的短暫人生。我迫切地向老父親詢問有關這些照片背後的故事，這才對母親的悲歡人生有了進一步的瞭解，不由得感慨萬千，思緒難平，萌生了要寫一篇文章來紀念母親的想法。

我的母親叫舒忠良，湖北省江陵縣人，生於一九三二年二月。她小時候，我外公做生意外出，下落不明，從此音信皆無，她就與我外婆相依為命。母親的舅舅在當地開了一家醬菜店，我外婆就在醬菜店裡做店員，母女倆靠這微薄的收入勉強生活。雖然日子過得很清貧，但母親依然是個樂觀、活潑、愛美的姑娘，她身著旗袍的照片（圖2），還有和朋友在一起的那些留影（圖

1 （右上）母親戎裝照

2 （左下）穿旗袍的母親

3 （上）母親（前排中）與同學合影

4 （下）母親（左一）與同學合影

3、圖4），中學生時代的母親是那麼的年輕、時尚和健康。

參軍入伍

一九五一年，母親十九歲，當時還在湖北沙市中學讀書。為了響應國家抗美援朝的號召，加入到保家衛國的行列，她毅然選擇投筆從戎，報名參軍。入伍後母親隨部隊集結到北京時，被中國人民革命軍事委員會軍事運輸司令部留下，被保送軍事運輸學校學習。到北京後。她特地身著軍裝照了這張照片（圖5），照片上的吉普車只是照相館擺的模型，由此可以看出母親那略帶孩子氣的歡樂心情。

軍運學校學習結束後，母親被安排在軍運部協理員辦公室任文化教員，主要的工作是給當時的軍運司令部司令員呂正操及其他部隊領導上文化課，普及文化知識，另外她也經常參加部隊的宣傳演出。我依稀記得小時候曾看到過母親身著各式演出服裝的照片。這段時間，母親的生活中到處陽光明媚，似乎預示著這個愛美的姑娘前程一片美好。

然而，沒想到一場疾病改變了她的命運。一九五三年，母親患上了嚴重的肺病，被部隊送往北京中蘇友好醫院（現在的北京友誼醫院）治療，不得已切除了一側肺葉。母親出院後在天安門廣場拍下了這張照片（圖6），從照片中可以明顯看出，大病初癒的母親已經沒有了往日的颯爽英姿。

5 （上）母親身穿軍裝在北京留影

6 （下）母親在天安門前留影

婚姻生活

母親小時候一直與外婆一起生活，白天大部分時間都在舅舅家。她舅舅的兒子也就是我母親的表哥叫夏光俊，在江陵荊州城❶讀書，與我的父親是高中同學，也是好朋友。課餘時我父親經常去夏光俊家玩耍，一來二往也就認識了我的母親舒忠良。後來我祖父過世，父親回鄉奔喪，親朋好友見面時聊到了父親的婚事，也聊到了我母親尚未出嫁，有意為他們撮合，從此兩人常有書信往來。

一九五五年，母親經歷了大病初癒、轉業、考學、讀書等經歷後，給父親寫信，告訴了自己的近況，稱自己已是半個廢人，詢問父親對婚姻之事的態度。得到我父親的應允後，母親從北京來到江西南昌，在父親當時所在的單位江西省糧食局加工處舉行了簡單樸素的婚禮，當時母親的結婚體檢表中明確寫著「一側肺葉已切除」。

短暫蜜月之後，母親回到北京土木建築工程學校繼續學習。此時，我的父親因故被隔離審查，單位切斷了他與外界一切聯繫，新婚不久的愛人也不能通信……

母親回到北京後不久，發現自己懷孕了，多次給父親寫信均未收到回信。她不明白，丈夫為什麼突然杳無音訊，是不是有什麼變故？是不是變心了？自己是不是被拋棄了？各種猜測疑問都得不到解答。這時我外婆已經過世了，母親獨自一人默默地承受一切，心情極度沮喪、悲傷甚至絕望，真難以想像母親是怎樣熬過那段孤獨、寂寞、無人祝福也無人照顧的孕產期的。

一九五六年四月十八日，母親獨自一人在北京產科醫院生下了我的哥哥，身邊沒有親人照料。母親心情一直很鬱悶、壓抑，沒有人安慰她，也一直得不到釋放，難過、悲傷等眾多情緒時常併發，產後她就患上了嚴重的「產後憂鬱症」，被送往醫院的精神病房。我哥哥則由護士照顧，在產科病房四處討奶吃，父親後來說，我哥那時候吃的是「百家奶」。兩個月後，北京土木建築工程學校才將母親的處境轉告到我父親的單位，領導終於萌生了惻隱之心，批准同意我父親趕赴北京看望妻子和孩子。一九五六年七月，也就是我哥哥三個月大的時候，母親因病重不得不中斷學業，從北京土木工程學校 ❷ 退學。那時父親一手抱著襁褓中的幼子，一手攙扶著病重的妻子回到了江西南昌。

父親將母親和哥哥接回南昌後，為了照顧好病重的妻子和年幼的兒子，只好自己省吃儉用，專門請了兩個保姆，一個照顧母親，一個照顧哥哥。母親那時病情比較嚴重，精神狀態也不太好，父親帶著她四處求醫，多方治療，悉心照料。萬幸的是，母親身體狀況逐漸有所好轉。

母親從北京土木工程學校 ❸ 退學時正逢全國在搞幹部整編，北京市人事局答覆說母親的工作無法在北京安排，考慮到母親當時丈夫和小孩都在江西，建議在江西安排工作。於是將母親的人事關係轉到江西省人事局，最後被安排在江西省商業廳工會工作。歷經劫難，一家人終於團聚在一起。一九五八年，母親在南昌生下了我。圖7是我與母親的唯一合影，左邊是母親懷抱著我，另一邊是保姆抱著我哥哥。因為我那時年齡太小，對母親的記憶非常有限，現在只是依稀記得小時候母親常常在晚飯後帶我去附近的「八一」禮堂看電影。回想起來覺得那段時光是多麼地幸

7 （右上）作者（左）與母親的唯一合影

8 （左下）母親獨照

福，然而幸福的時光又是那麼地短暫。

因為母親一側肺葉已切除，所以她一旦感冒咳嗽就喘不上氣來，肺部的積痰也很難排出，除了藥物治療以外，每次我和哥哥都會輪流用小手在她背上拍打，以此來幫助母親把痰咳出來。可是悲劇還是發生了，一九六四年二月五日的早晨，我的母親再也沒有醒來……那年她只有三十二歲。如若她能活至今日，應該是位八十二歲的老人，只可惜她永遠定格在五十年前的模樣（圖8）。

二〇一四年十二月於南昌

註釋

❶ 荊州城又稱江陵城，一城二名。

❷ 見上文，「北京土木工程學校」應為「北京土木建築工程學校」。

❸ 見註2，應為「北京土木建築工程學校」。

聽媽媽講那過去的故事

珠　望

一九四七年國民黨進攻膠東，學校都停課了。很多大一點的孩子還有教員，都響應號召報名參軍或考軍校。母親瞞著家人偷偷去縣裡報考白求恩醫科學校。❶當時舅舅在兵工廠工作，家裡享受「軍工屬」的待遇，再加上三姨當教員拿工資，所以生活還算過得去。那時母親只有十四五歲，是家裡最小的孩子，上有一哥四姐。母親還清楚地記得，她當時穿著橘黃色格格上衣和灰色短褲，梳著娃娃頭，乾淨利落。考官說她很有靈氣，隨即被留下做了臨時通信員，開始了她夢寐以求的軍旅生涯。其後又輾轉濟南、徐州和浙江等地，於一九五〇年十月被抽調去了第十三陸軍醫院工作，並與我的父親不期而遇。

東北軍區第十三陸軍醫院也叫東北軍區後勤衛生部軍管十三陸軍醫院，位於遼寧興城。一九五〇年朝鮮戰爭爆發後，為了適應抗美援朝的需要組建了這所醫院。父親說，醫院建在由日本人創建的原農業技術學院內。一九五四年六月後，醫院歸海軍建制，父母親也一同調離。

聽父母講，東北軍區第十三陸軍醫院的主要任務，是救治從抗美援朝前線下來的重傷員。醫院是團級單位，可以同時接收一千多名傷員。醫院下設一個分院和五個病區。病區就是現在的科

1 （左上）1952 年，作者的姥姥、母親、四姨在瀋陽合影。

2 （右下）1952 年，作者的父親（前右）與戰友合影。

室，區長即相當於科室主任。接收的病員主要是志願軍重傷骨科傷員，也有少部分朝鮮軍人和朝鮮孤兒學校的孩子。一區負責上肢，二區負責下肢。我父親在一區任外科醫生，並任一區區長。母親則在二區任責任護士。

一九五一年母親入黨，時年剛夠十八歲。一九五二年，外祖母不辭辛勞從山東文登老家獨自一人來到瀋陽，和母親、四姨留下了合影（圖1）。

母親說，當時醫院對軍人的軍風紀要求比較嚴格。對傷病員嚴格做到打不還手、罵不還口。女軍人著綠色裙服，留梳短髮，留了辮子的要塞進帽子裡邊。每當從朝鮮前線運來重傷員，大家都去大門口抬擔架，然後全身心地投入救治和護理。那時常常需要給傷員輸血，但輸血者體重要求在一百斤以上。母親當時體重只有九十八斤，稱體重時須猛地用力，才勉強通過。輸200ml血，政府給十六萬塊錢的東北幣作為補貼。

父親那時二十三歲。除了任一區區長外，醫院還聘任他為文化教員。父親祖籍江蘇，面龐白皙清秀、身體單薄卻處事果斷幹練。受祖父的影響，他自幼喜歡讀書，興趣廣泛，還寫得一手好字。在醫院期間，父親曾作為代表參加了在長春舉辦的東北軍區後勤衛生部整黨建黨學習班，並與戰友合影留念（圖2）。

母親最興奮的一件事情，是在十三醫院期間，去了一趟瀋陽看舅舅和四姨。當時舅舅已調往瀋陽某學校任職，而四姨在學校當話務員，生活條件比母親好得多。所以母親的瀋陽之行帶回了三樣稀罕物：一塊瑞士山度士手錶（舅舅在廣州買的），一雙無眼翻毛新皮鞋，一床「太平洋」

牌新床單（床單和皮鞋是四姨給買的）。特別是手錶，成了大家給病人量體溫的計時工具。

註釋

❶ 白求恩醫科學校，疑為白求恩醫科大學，一九四六年因紀念白求恩之離世而命名。

活出生命的尊嚴

劉寶蒞

二〇〇四年十一月六日晚上，我把刊登紀念姥姥短文的《老照片》帶回家。姥姥是一個不識字卻極有智慧的老太太，能夠被寫進書中並公開出版，在母親看來是一件十分鄭重而神聖的事。那天母親手捧飄著墨香的新書，一遍遍地翻看……萬萬想不到，這竟是我與母親生前的最後一次見面。時隔七小時，我被深夜一串急促的電話鈴聲驚醒，十分鐘後到家，雖然醫生在例行搶救，但我知道親愛的母親已經遠行……終年不到七十一歲。

一

母親逝世前一個月，午後，我和母親在臥室裡半依半躺，悠閒地說話聊天，整整一個下午。這種情形，我的記憶中少有，至今回憶起來，仍蒙上一層悠遠、溫馨，甚至神秘的氛圍……

母親把自己的人生經歷，一點一滴娓娓道來，不知是有意還是無意，像是在作最終交待，❶母親說：「我對自己這一生是滿意的。」

母親的履歷表中，最後的職務是副主任醫師，從職業成功來看這算不上什麼，但對母親來說卻極其不易。解放後，參加革命的姥爺把一家人帶進城，為了減輕負擔，起初想讓閨女留在膠東老家，媒人把人家都找好了，但姥姥離不開這個閨女，說寧肯自己少吃少喝，也要把母親帶出來。

當時，家屬院同齡的姑娘或當工人或當保育員，唯有母親去唸書。年已十七、身高一米六八的母親不顧尷尬，從小學三年級讀起，後在升學比例很低的情況下考上了中學，畢業後與父親結了婚。當時父親已是一個國有機械大廠的廠長，收入完全有能力養活母親，同級幹部中，不少人的妻子都在家帶孩子忙家務。但是母親不甘心做家屬，不願依附丈夫。

一天，她看到了省衛生學校的招生簡章，這是一所中等專業技術學校，主要招收應屆中學畢業生。雖然書本已擱置很久，孩子只有幾個月大，母親仍決定報名，只準備了十幾天，竟一舉成功。

畢業後，母親被分配到省政府機關門診部工作，走上了令她一生榮光、倍感神聖的醫務崗位。

從此，她以敬神明般的虔誠來對待自己的職業，不論何時，一穿上白大褂，整個人即刻精神煥發、神采飛揚。母親做護士，對人熱情，業務熟練，機關大院都知道於護士打針不疼；下班前，她把環境整理得乾乾淨淨，值班同事都願接她的班。

母親曾先後多次到省級大醫院學習化驗、X光放射、心電圖、針灸理療等專業。特別是在針

1 圖中前排右二為作者的母親

灸治療方面，她潛心鑽研，救治了許多疑難病症。後來因工作突出，轉為內科醫生。

記憶中，母親總是忙碌的，白天工作一天，晚上捧著厚厚的專業書在燈光下孜孜不倦地學習，不論白天還是夜晚，只要病人一聲召喚，她立刻趕去。母親為一些久病在床的老人長期登門治療，最後還為他們擦洗穿衣送終。小的時候，我總覺得母親膽子大，後來理解，那是她救死扶傷的職業責任使然。

二十世紀八十年代末，省醫療高級職稱評定推延，開評時母親剛辦退休手續，大家都為她遺憾。沒想到後來母親被納入評審範圍，而且機關醫院唯有她通過了副主任醫師的評審。生活給予了她應有的回報，每次陪同母親外出，前來打招乎、❷問候的，總是應接不暇。

二

母親身材高挑，皮膚白皙，一輩子愛美愛乾淨。姥姥說，母親從小對自己的穿戴仔細在意，春節每個孩子一個新襖，別人都快穿破了，母親的還是那麼新鮮。母親洗衣服，總是翻面晾乾，避免陽光曝曬褪色，趁沒有乾透時將衣服疊得平平整整。

星期天，母親總是一大早起床，第一件事就是打開門窗通風，清掃衛生。春天過後，母親把一家人的棉衣棉被拆洗翻新。父親是抗日時期的老幹部，住在一個七十多平米的小房子裡，但母親很滿足。每當天寒地凍的夜晚，母親常常感歎：一遇到這樣的天，我就想起流浪漢，想到我們有家有房子住多好！

母親逝世後，我翻開箱櫃，看到她把家人的衣服分門別類包好，並逐一放上寫有衣物名稱的字條，暫時不用的鍋碗瓶罐都清洗乾淨罩上塑料袋，一一存放。有學者曾說：「尊嚴的死亡是：一個人對自己的人生意義有清楚的體認，並做出積極的肯定性評價；當死亡不可避免之時，能夠按照自己所希望的方式死去。」

母親是帶著滿足和欣慰遠赴天國的。她一生最怕給別人添麻煩，前一天晚上，母親洗完澡，把剩下的染髮劑全部用完染黑頭髮，儀容整潔地與世告別，盡顯了生命的尊嚴。

註釋

❶「交待」應寫成「交代」。

❷「招乎」應寫成「招呼」。

月圓時，念老母

楊渭臨

再過一年，我就六十了。

看著天上的月亮悠閒地變幻著大小和色彩，時隱時現，我百感交集。

因為，我的生日就是這中秋之夜。我出生於公曆一九五七年（丁酉年），那年有閏八月，我是前八月十五那天月亮升起時出生的，也就是晚上九點左右吧。

此刻的我，陷入了對「生日」的無限感懷。

我是家裡的長子。母親生我時，年方二十三歲，因為有了我，便開始成為年輕的「母親」。我們那地方有講究，把給孩子過一歲的生日稱為「捏歲」，並要設宴待客，或全家小聚，舉行一些祝賀活動。這個「捏歲」很有意思，也很形象，就是說，作為孩子的我，在這一天，就可以把一年裡所有的日子「捏合」起來，從此不僅有自己的生命日月，也開始有了自己的人生年歲。

轉眼，我的五十九個歲月已成往事。而母親，早在數年前，卻已經成為隔世之人。人世輪迴，天人之間，思之泫然，憶之馳然，情不能已。

我當然無法想像母親在我「捏歲」的那天，是如何的興高采烈，志得意滿。但我知道，從第二年起逢兒童生日，便不再叫作「捏歲」了，而是叫作「遇媽愁」，大約是「媽媽發愁的日子」。

家鄉人的智慧真是不服不行。雖然無法考證「遇媽愁」這一概念的源頭所在，但這正與佛家「母難日」的意義相近卻是無疑的。可是，在佛教那裡，「母難」，是指母親受難的日子，難的發音是第四聲，而在我們合陽人的概念裡，卻還有「難過，難受，難堪」的意思，即普通話的第一聲和第四聲的意思全都有。

因為到了這天，無論家庭多麼艱難，也不論家中有幾個孩子，都要款待孩子一下，至少的至少，也要炒一個雞蛋，讓過「生日」的那個孩子挾大塊的吃，剩下的由其他幾個不過「生日」的孩子分食，以示祝福。

但這件事情，對於五六十年代的中國農村人來說，也是一個很「奢侈」的消費和享受。記得小時候，每到弟妹們「遇媽愁」的時候，總是有爺爺和奶奶在自家侷促的灶膛裡，用只剩半邊的黑油勺，放在鍋底的炭火底子上炒雞蛋。用同樣燒得黑焦的筷子一個勁攪，最後放上鹽和蔥花，不等倒入碗碟，就已經被圍觀的「餓狼們」連鍋灰和碳渣一股腦分而食之了。

對孩子們來說，那就是節日，意猶未盡。

但對老人來說，那就是「難堪」，笑中含淚。

而作為母親，此時的心情，肯定是百味雜陳。她們心中想的，一定首先是孩子剛生下來的悲喜交加，蹒跚學步的可愛可笑，咿呀學語的忍俊不禁，初入校門的無限歡欣，也包括淘氣闖禍時的動氣惱火，花錢拮据時的黯然神傷。

1 全家福

當然，更多的，還是對孩子未來的種種想像，包括種種困難和幸福。

但這一切，似乎與我無關。因為我的生日是八月十五，在節日的那天，因為有客人要來，家裡的伙食肯定好過往常，油水自然多些，誰還在乎那幾筷子炒雞蛋呢。所以每逢這個時候，我常常都會忘記自己的生日，甚至想起來也懶得提起。而每每不忘提醒我生日的，總是媽媽。

媽媽的苦心我當年體會不到，甚至覺得有些「多餘」，但她卻總會用各種方法，讓我感受到自己生日的存在。比如在飯前讓我先嘗吃各種美味，或者在開飯時為我多夾幾筷子好菜，或者在傍晚賞月時，拿出為我預留的好吃的，並且兩眼放光似的直盯著我吃完為止。

兒童頑劣。記得每當這時，我常會東奔西跑，心不在焉，直到三番五次被眾人圍抓，才乖乖「就範」。而母親這時，則對坐在我的面前，默默地看著，就這麼看著。說是等著洗碗，其實在心裡，她應當是在「閱讀」自己的「作品」。那其中，有多少章節，多少情節，多少過往和未來的感慨與希冀，恐怕只有她自己最為清楚。

孩子的成長很快。十三歲，即第一個生肖的輪迴一過，就不再過「遇媽愁」了。按照老家人說法，十三歲就應當是「全燈」了，即舅家每年正月十五和八月十五，給外甥送燈籠，至十三歲以後就不再送了。

也就是說，一個孩子到十三歲，就不再給其過「生日」了。按照老家的傳統，如果再過「生日」，必備三個條件：或兒女完婚，或父母仙逝，或本人年過花甲。老家人稱這是過「好日子」，不敢稱「過壽」，平民百姓稱「過壽」太重，怕承受不起。

我家兄妹六人，每個人的「遇媽愁」日子，都在媽媽的記憶深處鐫刻著。年復一年，月復一月，我們的日子雖然艱難，但母親對子女的「遇媽愁」卻從來沒有忘過，更沒有亂過。孩子們在她的心裡，完全一律平等，不分彼此，每個人的「慶生」，都是她愛愁交加的生命「亮點」，甚至是她「唯此為大」的人生「勳章」。

隨著後來的上初中、上高中、務農、上大學、娶妻生子，因為不再是大家需要呵護的對象，「生日」的概念對我來說就慢慢淡忘了，倒是妻子和孩子的生日，成為我不可忽略的關注點。

然而有一件事情，我什麼時候想起來，什麼時候就難受。

記得上世紀末的一天，應該是七月底吧，弟弟出差西安，來見我，從口袋掏出五元錢鄭重地交給我說：「咱媽說你快『遇媽愁』了，讓你自己買點好吃的。」

接過錢，我啞然無語，立即雙眼模糊。

我都多大了？我的孩子都不過「遇媽愁」了！可遠在家鄉的老娘啊！她從來就沒有忘記過自己兒子的生日呀！

在她心中，我們永遠是她的孩子。

在我們心中，總以為母親永遠是那個可以給我們庇護的「年輕母親」？回頭想想，母親也近七十歲的人了，我們何曾記得母親的「生日」？

其實，我們兄妹也曾經想給二老過「好日子」，然而有老家人的規矩擋著。小妹出嫁以後，我們也曾商議應當給母親過一次「好日子」，可媽的態度很堅決：「你婆（即外祖母）都沒有過過

『好日子』，我們過什麼？」遂默然作罷。

只是，從此以後，遇上二老的「好日子」，我們就買點禮品以慶賀，僅此而已。

有一年的國慶節放假，將近四十歲的我回老家小住，以省吾親。一天，老娘讓我躺在她的身邊拉話。說著說著，老娘伸手摸著我的頭，說：「好娃呢，看把你勞成啥了，頭髮白了多少！過了四十看五十，你年齡也不小了。要惜愛自己的身體呀，一家人全靠你呢！」在母親那裡，頭髮白了也是孩子。

我的弟妹過「遇媽愁」，是否得到過老娘給的錢，我不清楚。然而我過「遇媽愁」，她老人家總有「專款」，而且由五元到十元，再到二十元，逐漸增加。每年必給，直到她駕鶴仙逝，留下我們永遠的感念與遺憾。

母親是家中的長女。祖父祖母養育兒女數人，最後長大成人的僅我媽與我姨，是老人的心頭肉。但母親卻從來也不恃寵傲慢，養尊處優。反倒是從小持家，剛強面對一切。特別是我爺（即外祖父）去世後，她毅然辭掉在外的工作，回到家鄉，與我婆相依為命，既照顧自己年幼的妹妹，又要養育我們兄妹六人。現在想起來，我都不知道當年的她，是怎樣與我婆度過那些艱難的日子。要知道，當時的農村，我們全家穿的衣服，都是要靠她和我婆雙手一絲一縷紡花織布，洗染剪裁的呀！更不要說一日三餐和常常「五尺撳一丈」的拮据境況。

晚年的母親，受到過生離死別的打擊與病痛的折磨。但她始終珍重生命，熱愛生活，孝敬老人，誠待親鄰，嚴格教育自己的子女，並深深地愛著我們。

她的最大心願，就是子女和孫輩們都有所成。她常掛在嘴邊的一句話就是：「你們把事幹成，就把孝行了；你們把娃教育成了，就把孝行了……」

她為奶奶行孝，全村親友都有目共睹，稱讚有加。但她對於我們對她的行孝，卻看得很淡。為人之母，她做到了自己最大的努力和犧牲。遵循儒家傳統觀念，以慈愛為懷。

記得在物資匱乏的年代，母親與奶奶不惜起早貪黑，挨飢忍寒，也要保證我們兄妹的衣、食、學、用。特別是逢年過節，遇集外出，行門入戶，總要把我們穿戴整齊，禮物備好，以免失禮讓人笑話。每年春節前，都是連著幾個晚上熬到雞鳴，要讓每個娃穿上「三面新」的棉衣，而且要菜備好，禮辦齊，連壓歲用的新錢都換好，以歡歡喜喜地過春節。

由於過度的勞累和憂思，母親隱疾漸顯，健康狀況每況愈下，雖經十多年的精心治療，她老人家仍然懷著對我們兄妹的無限牽掛，懷著對孫輩深深的愛戀，懷著難以言表的無奈，懷著將去見爺爺奶奶的善念，懷著要在星空為我們遮風擋雨的想法，過早地離開了我們，享年六十八歲……

母親去世的時候，也正是月圓之時。

我爺為我母親起名月華，也用「月花」之名，我常想，母親應當就是月亮的女兒。每逢月圓，我都不禁遙望故鄉的方向，遙望夜空的明月，遙望閃爍的星辰，在心中大聲喊著：媽，您在哪裡，娃想與您說說話啊！

尤其是在這天上月圓，地上人圓的八月十五日。

媽媽，兒子想您。您能聽到嗎？您怎麼不回答？

一陣風吹過，我似乎聽到了您熟悉的聲音。

您一定是在高高的天上望著地上的一切，望著兒子，望著孫子，望著兒媳和全家大小，在竊竊私語，告訴我們您很高興。是嗎？媽媽？我聽到了。

今天，八月十五。

我要面對明月，再一次告訴您：媽媽，每當我遇到困難時，我仰望星空，回想您在世時的處事方式，問題便迎刃而解。我想您是欣慰的。您會說：媽知道我娃行。

偶爾我在生活的路上欲前不能，欲退不能，幾乎要「躺倒」的時候，您就「來到」了我的床前，說：「你怎麼這麼懦弱！快起來，快去幹你應幹的事。你是咱家的老大，你是咱家的頂樑柱！」

我想與您說說我的苦楚，您不言語，很生氣地走了。我怎麼能讓老娘生氣呢！我怎麼能讓老娘失望呢？我站了起來！

每當我看著您的照片，我便有無數的話想對您說，而我又不知從何說起，一任雙淚流頰。

媽，我還要告訴您（這是咱娘倆的私房話）：每當我遇到朋友的老娘或素不相識的人扶著、推著他們的老娘，我便想起了您。我知道您為我們遮烈日，您為我們擋陰雨。您無時無刻不在注視著我們，護佑著我們。我一定要做好每一件事，快樂度過每一天，讓老娘少操心，讓老娘高興……

遠處，傳來悠揚的歌聲，那是蘇東坡的《水調歌頭》——月有陰晴圓缺，人有悲歡離合，此事古難全……

懷念我的母親

潘魯生

今晨春雷闖入我的夢鄉，打斷了思緒。一覺醒來，感受到春天的氣息，清明時節到了。每到這個時候，我都為母親掃墓祭奠寄託哀思，會蹲在母親的墳前跟她說說心裡話，很知足。

母親已離開我們快四十年了，幾十年來我一直懷念母親。風雨兼程的路上，她從未離我遠去，她的辛勞、她的期許、她的音容笑貌一直在我心裡，伴我從年少步入中年，體驗苦辣酸甜人生百味。雖然從母親離去的那天起，我的生活裡就不再有媽媽可以呼喊、可以照料、可以訴說，但我卻因為她的給予、她的付出、她的鼓勵，不斷努力著，努力變成她所期待的樣子。我想念我的母親，時間愈久、年歲愈長，這份感情就愈沉，時時回想追憶過去艱辛而快樂的日子。

母親生長在魯西南革命根據地，她在家是老小，上有四個哥哥，大哥年輕時被日本人殺害，為革命獻出了年輕的生命，二哥守孝道在家照顧老人，三哥一直在地方政府工作，四哥十幾歲從軍南征北戰，南下留在了貴州。母親從小被家人寵愛，這也使她生活樂觀，性格直爽，為人誠實，善良賢惠。母親曾在金鄉讀過中學，在當時也算是有文化的人，畢業後教過書，又隨三舅從金鄉到曹縣土產公司正式參加工作，後來又在土山集工作了一段時間回到縣城。成家後，因為要

1 （上）年輕的母親

2 （下）讀中學時的母親

照看孩子，母親辭去了公職。待家裡四個孩子長大些，她又在街道的檔髮[1]廠找了份活兒，後來又到了印刷廠和檔髮廠當會計。母親一生操勞，雖然有較好的知識文化基礎，但主要精力都貢獻給了家庭，養兒育女，勤儉持家，其間輾轉工作幫襯家用。和那個時代大多數母親一樣，她為了生活和家庭，放棄了自己的志趣和追求。她生活達觀，從不言苦，對孩子管教嚴格，讓我們守規矩，講道義，重本分。在那個特殊的年代，母親生怕我們被人欺負，細心安排我們的生活和學習。在母親的呵護和引導下，我們家的孩子從小不講髒話，不貪心，不好事，雖家境清貧，但有骨氣，窮日子也過得有滋有味。

記得母親在檔髮廠工作時，為了掙錢餬口，白天在廠裡幹一天，晚上再把活兒拿家裡來幹，帶著我們一起分揀出口製作假髮用的原料，把回收來的人發分揀開，分出等級，我們管那叫「撕頭髮」。撕頭髮這活兒很髒很累，全家忙活一個月，能多掙幾塊錢餬口，但也樂此不疲。童年記憶裡，家鄉的冬天天寒地凍，有時候北風捲著寒氣往屋裡鑽，但聚在母親身邊幹活兒一點兒也不覺冷。昏黃的煤油燈下，那些黑的、白的、捲曲的頭髮就是千絲萬縷的線，既單調又鮮活，各有各的故事，歷盡風霜，沉澱著生活的氣息。母親為了哄著我們多幹點活兒，每天給我們講幾段故事，講《西遊記》《白蛇傳》，說《白玉樓（張彥休妻）》，評《梁山伯與祝英台》，總讓我們聽得入神。母親的口才好，講起故事有聲有色，活靈活現，她講梁山伯與祝英台的《十八里相送》，每一段對白都非常生動，那種纏綿悱惻讓懵懂的小孩子也覺得蕩氣迴腸。我和姐姐記憶最深的是《西遊記》裡「過通天河」那一段，母親講得聲情並茂，讓我們聽得入了迷，沉浸在故事裡，不知不覺手裡的活兒也做完了。直到今天，通天河彤雲密佈、朔風凜凜、柳絮漫橋、梨花蓋舍的大雪場景仍像畫一樣刻在腦海裡。幾十年過去了，我對母親故事裡朗朗上口的韻律、洗練明瞭的是非善惡、厚重悠遠的情義內容記憶猶新，這一切也潛移默化地影響著自己做人的準則。我在家是長子長孫，爺爺奶奶寵著，有時晚上加班幹活兒也會偷懶，母親便讓我先睡，於是我裹緊被子，把臉朝著母親幹活兒的燈光，眼簾上會映出橙紅的光暈，聽著的聲響，沒有比那更溫暖踏實的滋味了。

我家住在曹縣老縣城衙門前街，緊靠大圩首，是縣城的中心。那段日子，在城裡生活都依靠糧本上的那點口糧，每個月定期跟著母親趕大早去糧店排隊取麵粉，為了多換些口糧，不斷頓，再趕到自由市場把白麵換成粗糧。父親之前在縣裡辦公室做文書，後來因家庭成分受牽連，被下放到供銷社工作，整天在基層忙碌，家裡的生計主要靠父親支撐。但四個孩子在長身體，還有爺爺奶奶需要照顧，所以母親一邊幫工掙些微薄的收入，一邊儉省持家，細水長流維持一大家人的日子。那時候生活很艱苦，全家吃的是地瓜乾和玉米麵，母親會留下很少的一點白麵，留著父親回來給他做頓麵條吃。我也常鬧著要吃白麵卷子和麵條，但鍋裡總是地瓜麵窩頭、玉米粥。只有過年過節偶爾做些好吃的，敬了老人，再分給孩子，母親總把自己的省掉了。母親一輩子節儉，為家人付出，自己沒嘗過豐裕的滋味。雖說物質在我們的生命裡其實不佔多少份量，從呱呱墜地到了然離開，感情和精神的富足來得更重要，但我還是常常感到後悔和遺憾，如果當年擔著生活重擔的母親能少些操勞，如果今天的菜餚她能嘗嘗，我們家的生活才會完美。時光不可逆，我真想回到那段清苦但團圓的日子，守在母親身旁，和她一起在燈下幹活兒，一起熬糧店買糧，吃她做的窩窩頭，聽她說戲文講故事，我要守著那段最難忘的時光，不讓它溜走，因為有媽媽的日子才是最踏實的。

我從小喜歡畫畫，母親是我學畫的第一位老師和觀眾，給了我許多鼓勵和信心。家鄉曹縣是座老城，習書作畫的氛圍很濃厚，當年縣城學畫的孩子不少，母親希望我能和他們一樣，受到藝術教育。雖然平時對我管教很嚴，但對我學畫常常給予鼓勵和期盼，讓我自己隨著喜好去選擇。她從心裡希望我學畫成才，學點手藝，有個謀生的本領，她說當個畫匠比泥瓦匠要省力氣。在當時非常艱苦的生活條件下，母親總是給我買最貴的紙，買最好的顏料，在不大的房子裡留出我的畫案子，讓我專心學畫。無論是臨摹的新年畫，還是自己的水粉畫創作，母親總讓我掛滿堂屋，家裡不足十幾平方米的老屋裡掛滿了我的習作。親戚朋友來訪時，她總自豪地給別人講我的作品。沒有什麼比這樣的褒獎更親切有力了，所以我愈加努力求學，往往輾轉而得的範本都如獲至寶，反覆臨摹，學會了特別專注地做一件事。如今想來十分感念，在我最天真懵懂的時候，母親用她樸素的期待和關愛，為我樹立了為之努力的人生目標。母親較早離世，讓我留下了刻骨銘心的回憶，幾十年，只要畫筆不綴，就能感受到那份溫暖的母愛恩澤。我也常想，我在藝術上走的每一步，母親都會有感應，她用心培養教給了我做人的道理。因為積勞成疾，母親持續病了好多年。如今回想，或許是日子不寬裕、生活太辛勞，加上醫療的匱乏而誤了母親的病吧，這給我留下無盡的遺憾。

聽姐姐講，一九七三年，母親曾經到菏澤地區❷醫院治療，但當時醫院住院條件緊張，看病的人又多，排號需要二十多天時間，想到家裡孩子還小，母親放心不下，就回到縣城醫院。直到一九七七年，感覺身體實在不適，才借錢去菏澤檢查，但是為時已晚。母親當時擔任印刷廠的會計，住院的時候沒有交賬，出院休息了一段時間就開始交賬，一絲不苟，進而因工作勞累過度，病情急轉，就一直沒有起來。

一九七八年夏天，母親臥床兩年後，在病痛的折磨中離開了人世。臨走前，母親內臟器官都已經衰竭，但那天她精神特別好，她把拉扯大的四個孩子都叫到床前，說說她對我們的希望和期待，讓我們長大成人在社會中多做善事，工作中有出息，成家後都有個好的歸宿。母親捨不得放不下自己未成年的孩子，捨不得離開讓她牽腸掛肚的家。雖有那麼多不捨，但她仍然安詳，在沒有痛苦只有期待的目光中閉上了眼睛，這也是母親要強的性格使然。父親為母親準備了一口上好的棺木，入殮時，我喃喃地讓母親放心遠行，這一幕成為我終生的記憶。母親走了，她上有公婆下有兒女，還有親戚朋友和前來弔唁的鄰居，五更天發喪時，悲痛聲震醒四鄰。我按老風俗為母親送了最後一程，那一幕永遠停在漆黑的夜晚，永存在我的心靈深處。

母親離世時只有四十三歲，我的兒時記憶也從此定格。失去了母親的日子很漫長，很艱辛，想留的已無法挽留，只有努力像母親一樣善良、一樣勤勞、一樣有責任感，才不會辜負她，也只有常常提起畫筆，才能連接上母親的期許。

如今四十年過去了，我相信時光可達、信息可通，在我的夢裡，在她的墳前，在困境中，在開心時，總想對她說一聲：「媽媽，我想你！」

註釋

❶ 檔髮，製造假髮產品的主要原材料。

❷ 菏澤地區，今為菏澤市。

3 （上）母親全身照

4 （下）圖中母親已中年